역사 창조의 힘이 되자

역사 창조의 힘이 되자

박상은 지음

'CEO출신 박상은 국회의원'의 생생한 리얼다큐,
열정과 도전의 발자취를 주목하라!

모아북스
MOABOOKS

우리나라 민주화, 산업화의 한복판에서

이만섭 | 전 국회의장

열정과 집념의 사나이 박상은 의원이 그 바쁜 와중에 책을 출간했다니 먼저 축하를 보냅니다.

그의 인생 선배로서 나는 박상은 의원이 가지고 있는 신념과 뚝심은 그가 태어난 고향 강화 석모도의 척박한 섬 환경에서 비롯됐다고 생각합니다. 바다를 헤쳐 나가며 삶을 영위해야 하는 섬이라는 환경은 소년 박상은으로 하여금 강한 도전정신을 갖게 했고, 학창시절에 그가 전국 대학생 대표로서 3선개헌 반대 투쟁을 리드할 수 있었던 것도 다 그 기반 위에서 가능했다고 믿습니다.

박상은 의원은 어려운 가정환경 속에서도 인천에서 서울로 기차 통학을 하면서 경동고등학교와 연세대학을 우수한 성적으로 졸업하고, 해군 장교로 지원하여 우리 바다 NLL을 지키다가 월남전에 참전해 자유와 민주주의를 수호하는 데 앞장섰습니다.

이후 박 의원은 이 나라 산업화를 위하여, 세계 시장이 좁다 하고 뛰어 다니며 수출 역군으로서 큰 업적을 이룬 것도 저는 잘 알고 있습니다. 언젠가는 연세대 학생회장 시절 데모 주동자라 하여 해외출장을 갈 때 여권이 나오지 않아 제가 신용보증도 해주고, 관계기관에 전화를 했던 기억이 나는군요.

나는 그의 길을 지켜보며 그가 끝까지 성공적인 기업인으로 살아갈 줄 알았습니다. 그러나 나이 오십까지는 가족과 개인을 위해 살고, 오십 이후부터는 국가와 사회를 위하여 바치겠다는 본인의 소신과 신념에 따라, 정말로 국회에 들어가 어려운 정치 · 경제 환경 속에서도 이 나라 지속 경제성장과 고향 인천을 위하여 애쓰는 모습을 보면서 과연 그 힘이 어디에서 나오는가 감탄해 마지않고 있습니다.

그리고 특히 연세대학교 시절 은사 김명회 박사님이 창립한 한국학술연구원을 45년이 넘도록 훌륭히 이끌어 세계적인 학술지를 발간하는 기관으로 키우는 모습을 보면서, "아, 역시 이 친구가 투철한 역사의식을 갖고 특유의 기독교 정신에 따라 '봉사'의 인생을 살고 있구나." 하는 생각을 하게 됩니다.

이 나라의 지난 반세기 역사 속에는 여러 가지 사건이 있었지만, 오늘날의 시대정신은 산업화와 민주화 세력이 서로 화합하고 동서로 나뉜 지역갈등이 소멸되어 온 나라가 서로 융합되는 것이라 생각할 때, 박상은 의원이야말로 민주화와 산업화를 직접 앞장서서 리드했고, 이제는 정치 일선에서 깊은 역사의식을 가지고 역사와 대화하면서 국가와 사회를 위해 큰일을 할 것이라고 나는 믿고 있습니다. 이 시대에 이러한 지도자가 있다는 것 자체가 자랑스러운 일이 아닐까 생각합니다.

섬김을 받으려 하지 않고 섬기는 사람

김동길 ㅣ 연세대 명예교수

박상은 의원은 유능한 정치인이어서 그가 소속한 정당과 이 나라의 정계에 매우 필요한 인물이고, 그동안도 사리사욕에 얽매이지 않고 헌신적으로 노력하여 정치판에 확고한 자기 자리를 마련하였습니다. 그는 학창시절부터 그런 소질을 십분 드러낸 바 있었습니다.

그는 정치인이기 이전에 재기활발한 경제인이었습니다. 그가 받들고 섬긴 기업체는 일취월장하였고, 타에 모범이 되는 우수 기업임을 자타가 공인하였으며, 그 경영이 매우 합리적이어서 능히 타 기업의 모범이 될 수 있었습니다.

그의 성품의 또 하나의 특색은 범사에 신앙적이라는 사실입니다. 그는 오랜 사회생활을 통해 "섬김을 받으려 하지 않고 섬기는 사람"으로 살아왔음을 분명하게 보여주었습니다. 그는 경제도, 정치도 봉사하는 마음과 자세로 최선을 다하되 자기자랑을 하지 않습니다.

  그런 그가 자기의 생각과 경험과 철학을 바탕으로 한 권의 책을 엮어 세상에 내놓았습니다. 혼탁한 오늘의 우리 사회에 한줄기 밝은 빛이 되고 한줄기 신선한 바람이 될 것을 의심치 않습니다.

역사 창조의 동반자가 되길

김성수 ㅣ 대한성공회 지적장애인 근로시설 우리마을 주교

어린 시절 해군장교라고 하면 만국의 신사 중의 신사라는 듣기 좋았던 말이 아직도 기억에 남아 있습니다. 섬 놈이어서 그런가 봅니다. 박상은 의원도 그래서였을까요?

만국의 신사 해군 장교가 되어서 많은 것을 자신의 것으로 만들어 살아온 것이라 믿습니다. 그는 멋집니다. 깔끔하게 갈고 닦은 실력이 있기에 외교통상부 경제통상대사(투자유치)라는 어려운 일거리도 거침없이 맡아서 우리들을 기쁘게도 하곤 하였습니다. 하지만 박상은 의원은 더 많이 배워서 더 많이 봉사하기를 바라며 실천하는 의원입니다. 그는 세 번째로 자서전을 출판하여 우리들에게 믿음을 주는 기분 좋은 의원입니다.

"역사 창조의 힘이 되자."

우리도 역사창조의 동반자로 함께 발걸음 맞추어 나가며 박상은 의원에게 힘이 되어 줍시다.

역사와 문화의 가치를 아는 정치인

박맹호 | 민음사 회장

　박상은 의원과 나는 강남출판문화센터에서 우리나라 출판문화 발전을 위해 같이 노력해온 오랜 인연을 가지고 있습니다. 그는 경제인 출신으로 지금은 정치계에서 큰 활약을 하고 있지만, 우리 출판계를 위시해서 문화와 역사를 소중히 대할 줄 아는 의식 있는 정치인의 하나입니다.

　이번에 박 의원이 펴낸 책의 제목도 "역사 창조의 힘이 되자"라고 하니 그의 깊은 진정성과 역사의식을 새삼 느끼게 됩니다. 나는 출판계에 종사하는 문화인의 한 사람으로서 박 의원과 같은 인문주의자들, 휴머니스트 정치인들이 더 많아지기를 기대합니다.

　자신의 안위보다 국민을 먼저 생각하는 사람, 공익에 부합하는 삶을 살아온 바른 정치인, 역사와 문화의 가치를 소중히 생각할 줄 아는 박상은 의원과 같은 정치인이 이 땅에 더 많아지기를 기대합니다.

대학 시절 학생회장으로 3선개헌 반대를 주도하며 불의와 타협하지 않았던 기개와 지조를 지킬 줄 아는 정치인이 바로 박상은 의원입니다. 또 사회에 나와서는 대기업의 전문경영인으로 하루가 멀다 하고 유럽으로 미주로 발에 땀이 나도록 전 세계 시장을 돌아다니며 세일즈를 하고 경제성장을 위해 정열을 불태울 줄 아는 사람이 바로 박상은 의원입니다.

　나는 오랫동안 그를 지켜봐온 한 사람으로서 새역사 창조에 앞장서는 정열의 정치인 박상은 의원에게 다시 한 번 응원의 박수를 보내면서, 독자 여러분께도 그의 책 "역사 창조의 힘이 되자" 일독을 권하는 바입니다.

그에게선 바다 냄새가 납니다

박철 | 한국외국어대학교 총장

푸르고 넓은 바다의 기운을 지닌 나의 죽마고우 박상은 새누리당 국회의원. 그의 이번 세 번째 자서전에서도 대양의 원대함이 느껴집니다. 강화도 출신의 박 의원이 성북동 언덕에 자리 잡은 5대 명문 공립교 중 하나인 경동고등학교를 선택한 것이 필자와의 만남의 시작이었습니다. 멀리 인천에서 당시 경인 통학 기차를 타고 통학했던 박 의원. 왕복 4~5시간의 통학 거리를 새벽별을 보고 다녔습니다. 부지런함이 이때부터 몸에 익숙해졌을 것입니다.

강화 시골 출신이었지만 친근하고 넉살이 좋아 많은 친구들과 잘 어울렸던 박 의원. 1학년 때 짝꿍이 되면서 필자의 집에 와서 자주 잠을 자면서 부모님, 가족들과도 격이 없이 지냈습니다. 돌이켜보면 그때가 정이 넘치고 아름다웠던 시절이었습니다. 밤새 인생을 고민하며 오늘의 우리를 탄생시킨 꿈을 꾸던 시절이었습니다.

16

바다가 어떤 물도 마다하지 않고 모든 물을 받아 들여 거대한 대양을 이루듯 강화도 출신인 박 의원은 사람을 끌어들이는 매력이 있습니다. 연세대 법학과를 졸업한 박 의원은 바다 사람이기에 당당하게 해군 장교를 지원했습니다. 5년간 조국을 지키는 간성으로 몸을 불사르면서 서해안의 백령도, 연평도에서 근무하는 등 그야말로 진짜 바다 사나이 해군이었습니다. 그런 자신감과 패기가 강화도 섬 소년이 대한제당을 이끄는 CEO로서 경영 전문가가 되게 하였으며, 이후 인천 부시장, 정부 경제통상대사로 세계 곳곳을 누비며 성공신화를 쓰게 한 데 이어, 오늘 날 재선 의원에 이르게 하였습니다. 결코 서 있는 자리에 만족하지 않고 언제나 도전하며 살아온 박 의원이 이제 더 큰 꿈을 이루기 위해 이번에 '역사 창조의 힘이 되자' 란 제목의 책을 출간했습니다.

필자가 반평생을 곁에서 지켜본 박 의원은 청년 시절부터 오늘에 이르기까지 쉼 없이 달리면서 무에서 유를 창조하는 열정과 창의력을 지니고 있습니다. 그에게는 "불가능이란 노력하지 않는 이의 변명" 이라는 말이 적합하며, 그 도전정신이 박 의원을 통해 앞으로도 계속 입증되길 기대해봅니다.

인천 중동구의 발전뿐만 아니라 인천의 세계도시로서 도약, 그리고 대한민국의 진정한 세계화를 위하여 박상은 의원의 미래에 행운과 축복을 빌어주고 싶습니다.

　나의 지역당협 사무실에는 백범 김구 선생의 초상화가 걸려 있다. 동그란 안경을 쓰고 인자하게 웃고 있는 선생의 존안을 연필로 그린 초상화이다. 나는 그것을 볼 때마다 나라 잃은 민족을 따뜻하게 보듬으며 구국의 길을 걸었던 그 위대한 정신에 저절로 머리가 숙여진다.

　그리고 김구 선생 옆에 나란히 걸어놓은 그림이 운석 장면 선생과 죽산 조봉암 선생의 초상이다. 어린 시절 인천에서 수학한 장면 선생은 광복 전에는 기독교 청년으로서 또 교육자로서 민족의 계몽과 교육에 힘쓰시다, 광복 후에는 정치인으로서 자유당 독재 정권에 맞서 싸운 인물이다. 그분의 초상을 김구 선생 옆에 나란히 걸어놓은 것은 기독교 교육에 일찍이 눈뜬 망국의 청년이 느꼈을 애통함과 민족교육에 대한 열정, 그리고 격변의 시기를 온 몸으로 부딪혀 이겨낸 높은 정신을 기리기 위해서다.

죽산 조봉암 선생의 삶에 대해서는 여러 가지 해석이 분분하지만, 나는 무엇보다 그분이 강화군에서 기독교 교육을 받고 자라 3·1운동에 참여하는 등 독립운동을 주도한 인물이라는 점, 투옥과 고문, 출옥을 반복하면서도 인천을 기반으로 꾸준히 독립을 위해 싸워온 인물이라는 점을 기억하고, 우리 강화 지역에 대한 자부심을 일깨워야 한다고 생각하고 있다.

"역사를 잊은 민족에게 미래는 없다."고 단재 신채호 선생께서 말씀하셨듯, 한 나라의 국회의원으로서 우리의 역사를 기억하고 뚜렷한 역사의식을 새기는 일은 무엇보다 중요하다. 그것이 새로운 역사에 대한 방향성을 제시해주기 때문이다.

기업 CEO로, 인천 부시장으로, 경제통상 대사로, 나는 평생을 국가경제 발전을 위해 뛰어왔다. 그리고 국회로 들어온 지 5년이 지난 지금까지, 도전과 위기의 순간마다 보이지 않는 어두운 길에서 나를 이끌어준 것은 저분들의 험난한 삶과, 그 속에서 일관되게 관철해온 조국 사랑의 강한 의지였다.

나는 우리나라 경제성장의 일선에 서 있던 그 시절부터 우리 역사를 찾고, 세계에 우리 대한민국의 위상을 알리는 일에 언제나 팔을 걷어붙이고 나서왔다. 대원군의 중국 유배지를 찾는 지난한 작업, 안중근 의사 유해 송환 촉구, 또 최근의 인천상륙작전 기념 공원 조성 사업까지, 모두 그런 역사인식에서 출발한 것이다.

이 땅에서 내가 해야 할 일이 무엇인가, 지향점이 어디인가를 끝없이 스스로에게 물어보고, 나는 위대한 민족 지도자들의 삶에서 그 답을 구한다. 그리고 언제나 그 답은 하나로 귀결된다. 우리나라의 발전과 우리 민족의 탄탄한 미래를 위해 하나의 초석이 되고 밑거름이 되고 싶다는 것이다.

이제 다시 긴 여정이 시작되었다. 내가 태어난 나의 고향 인천을 세계적인 도시로 거듭나게 하는, 가슴 뛰고 벅찬 새로운 도전이 시작되고 있다. 나는 이 땅을 더 살기 좋은 세상으로 만들기 위해 도전하고 또 도전하는 것이 언제나 즐겁다.

인천은 세계적인 도시로 성장할 수 있는 잠재력을 지닌 곳이다. 서울에서 가장 가까운 항구도시이며, 동북아 허브공항인 인천공항이 자리하고 있다. 동북아 물류의 중심이 될 수 있는 이런 천혜의 조건에, 송도 경제자유구역은 세계적으로 기업하기 좋은 도시로 각광받고 있다.

그리고 무섭게 성장하는 중국과 지리적으로 가까우니 동반성장의 가능성을 충분히 예상할 수 있다.

인천의 풍부한 자연자원은 또 어떠한가. 깨끗하고 다양한 어족자원과 아름다운 관광자원을 지니고 있음은 물론, 원전의 위험성이 심각하게 대두되고 있는 지금 그 대안이 될 수 있는 녹색에너지 조력발전의 개발 가능성이 늘 열려 있다.

인천 스스로 이를 자각하지 못하고 서울의 위성도시, 과거의 도시로 자임하고 만족하고 있을 뿐이다. 이제 그 깊은 잠에서 깨어날 때다.

나는 일생을 바다와 함께한 사람이다. 전문경영인, 해외투자유치 전문가, 18·19대 국회의원도 내 명함이지만 '바닷가에서 나고 자란 소년', '해군 장교', '바다의 사나이' 또한 내 자랑스러운 명함이다. 인천을 떠났다가도 또 인천의 부름을 받고 돌아오기를 반복한 것이 내 인생이었다. 인천 부시장으로 일했을 때도, 그리고 인천 중구·동구·옹진군 주민들의 고마운 선택을 받아 의정활동을 하고 있는 지금도.

인천 공항과 항만 발전을 통한 인천과 한국의 부상, 또한 NLL사수의 튼튼한 안보태세는 대한민국 시대를 새롭게 여는 필수조건이다.

국회의원 박 상 은

CHAPTER 01

역사를 잊은
민 족 은
미래가 없다

나는

이 나라의 국민으로서

나의 책임과 역할을

잊어본 적이 없다.

1. 나는 강화인이다

역사와 함께한 구국의 섬 강화도

섬이란 어느 나라에서나 수난의 역사와 함께하는 곳이다. 우리의 섬 역시 외세의 침략에 맞서 마지막 보루 역할 혹은 최전방 역할을 해왔다. 특히 서울에 인접한 강화도는 오랜 구국의 역사를 갖고 있다. 옛날 고려시대 몽고항쟁부터 구한말 병인·신미양요에 이르기까지. 그 속에서 민초들이 겪었을 고통은 어떠했겠는가. 오랜 세월 침략의 역사를 견뎌낸 그들에게 남다른 애국심이 자라나는 것은 당연한 이치다.

나는 언제나 강화도에서 받은 세 가지 복이 있다고 말하는데, 그 중 첫 번째가 이러한 역사의식과 자연스럽게 고양된 애국심이다. 강화가 구국의 섬이 된 데에는 오랜 역사와 지리적, 문화적 환경이 있었으니 그 속에서 자라난 나 역시 그 뜨거운 애국열을 호흡하며 성장했음을 자부할 수 있다.

우리 근대사에는 강화도에 뿌리를 둔 인물들이 너무나 많다. 고종황제의 밀서를 호위해 간 이능권부터 광복군으로 활동한 이순승, 그리고 독립운동가 조봉암 선생까지. 누구나 자기가 태어난 고장에 대한 자긍심을 갖고 있겠지만 나 또한 내가 나고 자란 섬에 대한 깊은 애정과 자부심을 갖고 있다.

근대적 기독교 교육이 시작된 곳

강화는 또한 우리나라에서 가장 먼저 근대화를 이룬 곳이기도 하다. 외세의 침략이 빈번했던 구한말에 강화는 끝까지 싸워 이 나라의 최전방을 무너뜨리지 않고 지켜내는 한편, 서구의 문물을 빠르게 받아들였다. 세계열강과의 교류를 통해 가장 먼저 근대화에 눈을 뜬 것이다.

이때 함께 들어온 것이 기독교 문화다. 강화는 우리나라에서 기독교를 가장 처음 받아들인 곳이다. 게다가 우리 집은 4대째 믿음이 이어져온 독실한 기독교 집안이다. 내 아이들까지 하면 5대째이니, 거의 우리나라의 근대 기독교 역사와 함께해온 셈이다. 할아버지께서 장로님이셨고, 아버지께서는 인천 창녕교회에서 목회자로 봉직하셨다. 그런 배경에서 자라왔기에 나는 어려서부터 자연스럽게 근대적 기독교 교육의 수혜를 받았다.

우리 집을 비롯하여 강화도 사람들의 교육열은 남다르다. 자손들에 대한 우리 할아버지의 교육열도 참으로 지극하셨다. 그 많은 자손들의 뒷바라지가 힘에 부치실 법도 하건만 우리들의 교육을 위해서라면 당신의 몸이 더 고달파지시는 것을 마다하지 않으셨다. 그 시절에 그렇게 자식 교육에 대한 열정을 갖고 계셨던 것을 보면 비록 당신의 직업은 농부였고, 어부였지만 그 지각만큼은 선각자의 그것이었다는 생각이 든다. 할아버지께서는 오로지 당신의 두 손으로 우리를 거두셨으니 농사 일로, 또 새우잡이 일로 눈코 뜰 새 없는 할아버지의 하루하루를 담보 삼아 내가 자라난 것이다.

할아버지께서는 해가 지고 잠시 일손을 놓으실 때는 우리들을 앉혀놓고 먼 나라 이야기를 들려주시곤 했다. 어느 나라의 용감한 왕 이야기, 거인을 무찌른 소년 이야기……. 어린 우리에게는 마냥 신기했던 그 이야기를 들으며 우리는 섬 밖 어느 나라로, 먼 훗날 펼쳐질 우리의 미래로 훨훨 날아가곤 했다.

커서 알게 되었지만 할아버지의 옛날이야기는 성경에 나온 말씀들이거나 선교사에 의해 국내에 알려진 이야기들이었다. 우리는 알게 모르게 어려서부터 기독교 교육을 받고 자랐던 것이다.

재미있는 이야기로 전해진 하나님의 말씀은 내 인생을 통틀어 마음의 자양분이 되었다. 어려움에 굴하지 않고 자기 길을 걸어 나가는 의지, 다른 이들의 아픔을 이해하는 마음, 평생 자기계발을 게을리하지 않는 성실함……

할아버지라는 커다란 그늘 아래 기독교적, 근대적 교육을 받고 자랄 수 있었던 것에 나는 한없이 감사한다. 나를 만든 팔 할은 이러한 선진적인 교육이며, 앞으로도 내 삶의 길 위에서 의지를 다질 수 있는 깊은 뿌리 또한 여기에 바탕을 두고 있다.

이것이 내가 강화로부터 물려받은 두 번째 복인 것이다. 기독교 역사를 시작한 강화도에서 남다른 교육열을 가진 어른들로부터 근대적인 교육관에 의해 길러진 것, 공부를 위해서라면 무엇이든 뒷바라지해 주셨던 어른들이 내가 가진 커다란 복이다.

강화도 농산물은 자연친화적 최고의 특산품이다

강화에서 받은 세 번째 복은, 바닷바람 맞고 자란 섬 소년 특유의 건강함이다. 나를 키운 팔 할이 조부모님과 부모님이시라면, 나머지 이 할은 강화도의 아름다운 자연과 넓은 바다였다. 나는 석모도 바다 앞에서 매일 뛰어다녔고, 끝을 알 수 없는 수평선을 바라보며 미래에 대한 꿈을 키우며 자라났다.

어린 시절 내 기억 속의 풍경은 늘 바다와 함께였다. 뛰어노는 것이 하루 일과의 전부였던 그때, 내 옷에 밴 땀 냄새와 함께 나는 늘 갯벌 냄새를 맡았다.

돼지 오줌통이나 지푸라기로 만든 축구공을 가지고 늦가을이든 한겨울이든 추수가 다 끝난 논바닥에서 차고 놀면서 저녁 먹으라는 어른들의 성화에 집으로 돌아오곤 했는데, 지금도 이렇게 활력적으로 돌아다닐 수 있는 것은 어린 시절부터 바닷바람에 다져진 단단한 체력이 뒷받침되어 주기 때문이다.

게다가 강화의 농산물은 우리나라 최고로 친다. 강화도의 쌀은 토성 질은 간척지 쌀로, 오염된 한강물이나 저수지의 물도 아닌 깨끗한 지하수나 빗물로 농사지은 무공해 쌀이다. 강화인삼은 개성과 함께 조선 인삼을 대표하며, 6년근 홍삼은 강화에서만 생산되고 있다. 강화와 개성은 인삼 생육에 적절한 기후와 토질을 갖고 있다. 알맞은 날씨와 토성, 그리고 적절한 일조량과 바닷바람이 최고의 강화인삼을 만들어내는 것이다. 강화 특산물 순무는 또 어떤가. 본초강목이나 동의보감에 무의 뛰어난 효능이 입증되어 있지만, 그 매캐하고 특별한 맛을 내는 MTIB 성분은 항암물질로 최근 더욱 각광받고 있다.

우리나라 새우젓의 거의 전량이 인천 서해에서 생산되는데, 그

중 가장 맛있는 양질의 새우젓의 80퍼센트가 강화 청정해역에서 나온다는 사실을 알고 있는가? 게다가 강화 고유음식인 밴댕이회와 젓갈까지, 이런 풍부한 농산물과 해산물이 생산되는 강화도에서 어린 시절을 보낸 나는 참으로 복이 많은 사람이다.

바다를 품은 유년시절

내가 태어난 곳은 이런 자랑스러운 고장 강화도, 그 중에서도 강화의 조그만 섬 석모도이다. 이곳에서 국회의원 박상은의 꿈은 시작되었다.

석모도는 행정구역상으로는 강화군 삼산면(三山面)에 들어간다. 섬 안에 상주산, 상봉산, 해명산이라는 세 개의 산이 솟아 있어 붙은 이름이다. 해명산은 석모도의 중앙에서 남동 쪽으로 뻗어 있는 산으로, 그 동남쪽 기슭에 내가 다닌 해명초등학교가 바다를 굽어보고 자리해 있다.

해명초등학교에서 바라다 보이는 염전을 가로질러 가면 어류정(魚遊井)이라는 작은 섬이 있었다. 고기가 많이 노는 곳이라 하여 붙여진 이름인데, 오래전에 이루어진 간척사업으로 지금은 석모도와 연결되어 있다. 이곳 어류정 앞바다 선수강과 만도리 어장에서 할아버지께서는 새우를 잡으셨다. 그리고 손수 잡은 새우로 젓갈을 만들어 파셨다. 6·25전쟁 전에는 서울 마포, 개풍군 장단과 해주로, 그리고 전쟁 후에는 한강이 막혀 인천으로. 석모도 어류정은 그렇게 내 가족의 삶의 터전이자 내 어린 시절의 추억이 고스란히 배어 있는 곳이다.

서울 사람들에게 석모도는 강화도에서 배 타고 들어가는 주말 여행지로 알려져 있는 모양이다. 배를 따라오는 갈매기에게 새우깡을 던져주며, 석양을 바라보며 추억을 만드는 작은 섬. 그러나 나에게 석모도는 할아버지의 땀이고, 어머니의 눈물이며, 아버지에 대한 간절한 그리움이다.

넘실대는 바다는 소년의 가슴에 광대한 세계를 품게 한다. 육지에서 자란 이들보다 새로운 세계에 대한 호기심이 클 수밖에 없다. 끝을 알 수 없는 바다는 어린 소년을 미지의 세계로 유혹한다. 그래서 섬에서 난 사람은 태생적으로 도전적이고 적극적인 성격을 지닐 수밖에 없다. 넓은 바다를 보고 자라나기에 작은 일에 연연하지 않는 담대함도 키우게 된다. 세상을 더 넓게 보고 더 큰 꿈을 키우게 마련이다.

섬에서 태어나 세계적인 인물이 된 사람들이 많다. 나폴레옹은 당시 프랑스의 식민지였던 지중해 코르시카 섬 출신이고, 그리스의 위대한 수학자 피타고라스는 에게해 사모스 섬 출신이다. 바다의 왕 장보고가 전라남도 완도에서 태어났으며, 도산 안창호 선생은 대동강 하류의 도롱섬에서 태어났다. 우리나라의 역대 대통령들도 하나같이 섬이나 해안 도시에서 태어나 자란 것을 보면 바다는 소년의 꿈을 원대하게 키우는 축복받은 환경이란 생각도 든다. 섬에서 태어난 예술가와 작가들도 많다. 바다에 둘러싸인 아름다운 자연은 사람의 감성을 더욱 풍부하게 만드는 것인지. 본래 물이란 것은 사람을 사색에 잠기게 하는 힘이 있다.

강화도의 작은 섬 석모도, 그리고 그 안의 작은 마을 매음리. 가장 작은 곳에서 가장 큰 꿈을 꾼 다른 섬 소년들처럼, 나는 끝없는 수평선을 바라보며 내 앞에 펼쳐질 미래를 상상했다. 섬은 곧 나의 정체성이다. 앞으로의 나의 많은 이야기들은 바로 이 작은 섬 석모도에서 시작되었다.

중고등학교에 진학하게 되면서 나는 섬 밖으로 나왔다. 인천으로 중학교를 다니고, 서울로 고등학교를 다니며 내 행동반경은 급속도로 넓어졌다. 어른이 되고 일을 하기 시작하면서는 해외 출장이 잦아 바다 건너 타국으로 날아다녔다. 그리고 지금은 다시 이곳 인천 앞바다로 돌아와 있다. 어디에 있든 내 가슴속에는 강화의 바닷바람이 있었다. 그것이 나를 새로운 곳으로, 새로운 도전으로 계속 나아가게 했다.

2. 나는 뼈아픈 역사인식 속에서
미래를 설계한다

사람들은 나를 전문 경영인(CEO)출신 국회의원이라 말한다. 맞는 말이다. 나는 1970~80년대 우리나라 경제성장 일선에서 국가발전과 산업화에 온몸을 바쳤다. 참으로 배고픈 시절에 이 나라를 살 만한 곳, 풍요로운 땅으로 만들기 위해 내 몫을 다해온 것이다.

그러나 어떤 자리에서든 나는 이 나라의 국민으로서 나의 책임과 역할을 잊어본 적이 없다. 그것은 경제발전에 그치지 않았다. 우리 역사의 회복, 우리 민족의 승리, 우리나라 국격의 상승이 내가 지향해온 목표였다. 어두운 역사를 외면하지 않고, 역사에 부끄럽지 않은 내가 되기 위해 앞장서왔다.

대학 시절에는 민주화를 위한 치열한 학생운동의 현장에서 가장 앞자리에 서 있었고, 또 경제인으로서 이 나라의 산업 발전을 이끌었다. 그 길에서 늘 잊지 않고 기억했던 것은 아버지의 말씀이었다. 힘이 들고 앞이 보이지 않을 때는 《백범일지》를 읽어보라 시던 그 말씀. 나는 고등학교 때 기차 통학길에서 처음으로 책을 통해 백범 김구 선생을 접했고, 그 후에도 가끔 꺼내 펼쳐보면서 우리의 아픈 역사를 잊지 않고 그 정신을 영원히 기릴 것을 다짐하곤 했다.

나는 잃어버린 우리 역사를 찾고, 우리 민족의 역사의식을 고취시키는 일이 무엇보다 중요하다는 생각을 갖고 있었다. 그래서 흥선 대원군의 유배지를 찾기 위해 중국땅을 헤치고 다니고, 또 안중근 의사의 유해 송환 운동을 추진하는 등 국민의 한 사람으로서, 국회의원으로서 최선을 다해왔다.

역사를 잊은 민족은 미래가 없다. 역사를 잊은 사람에게 나라의 미래를 맡길 수도 없다. 국회의원으로서 지금은 더 큰 책임감을 느낀다. 역사인식은 정치인의 가장 기본적인 자질임을 잊지 않고 있다. 우리의 역사를 잊고서는 미래의 발전도 있을 수 없다. 뿌리를 잃으면 나무는 쓰러지고 만다. 나는 앞으로도 우리 역사를 되살리고, 우리의 자존감을 되찾는 일에 발 벗고 나설 것이다. 역사 앞에 침묵하지 않을 것이다. 그것이 국회의원 박상은이 걸어야 할 또 하나의 지향점이라고 생각한다.

십년간의 끈질긴 노력끝에 흥선대원군의 흔적을 찾다

흥선 대원군의 유배지를 찾으려 시도했던 것은 이미 오래전부터였다. 희미하게 덮여 있는 감춰진 역사를 찾아 명명백백히 밝히고 싶었다. 1987년부터 기업활동을 통해 중국에 드나들던 나는 흥선 대원군의 유배지를 찾아야겠다는 결심을 했다. 흥선 대원군이 청나라 군대에 끌려간 후 어디에서 유배 생활을 했는지에 대한 정보가 너무나 단편적이고 기록이 거의 남아 있지 않아, 우리의 아픈 역사의 한 편이 어둠 속에 묻혀 있었기 때문이다.

나는 우리 역사서를 뒤져 흥선 대원군에 대한 자료를 모으고, 1992년경 중국에 정식으로 흥선 대원군 유배지를 공개해달라는 요구를 하기 시작했다. 유난히 역사에 관심이 많던 나였다. 게다가 조선의 실권을 쥐고 있던 대원군을 끌고 가 4년이나 유폐한 것은 양국간에도 작지 않은 사건인 데 비해, 그 실체가 드러나지 않고 있다는 점이 너무나 안타까웠다.

중국에서 나의 요청을 받아들인 것은 9년이나 지난 후인 2001년이었다. 내가 인천 정무부시장으로 있던 때다. 당시 인천시는 중국 톈진과 자매결연을 맺고 톈진의 경제개발과 중국의 개방을 열심히 돕고 있었다. 나 또한 중국이 야심차게 개발 중이던 톈진의 공업 단지에 우리 기업이 입주해 기업활동을 할 수 있도록 많은 힘을 썼기에, 중국 측에서 우리의 요구를 들어주지 않을 수 없었을 것이다.

2001년 초 톈진의 리우성위 부서기가 인천을 공식 방문했을 때 나는 그동안 거듭해왔던 요구를 다시 한 번 반복했다. 이제 한 개인이 아닌 인천시 정무부시장으로서 공식 요청하는 일에 더 이상 침묵할 수 없었던지, 중국의 리우 부서기는 흔쾌히 나의 요구를 받아들였다. 그리하여 인천시 중국시장 개척단이 중국을 방문할 때 대원군의 유배지를 우리에게 공개하기로 결정했다. 우리는 취재진을 동원하여 이 역사적인 방문을 기록하고, 우리나라 국민들에게 알리기로 하였다.

국내 사학계에는 대원군의 바오딩부 유폐 정도만 기록되어 전해질 뿐, 바오딩부의 어디에 머물렀는지, 그곳에서 대원군이 어떤 생활을 했는지에 대한 기록이 일체 없었다. 다만 중국 역사가에 의해 대원군이 칭허다오수에 4년간 머물렀다는 사실이 알려져 있을 뿐이었다.

2001년 3월 2일, 우리는 톈진 시가 마련한 차량으로 취재팀과 함께 바오딩 시로 향했다. 바오딩은 홍선 대원군이 끌려갔을 당시 청나라의 실권자였던 리훙장의 직예총독부가 있던 곳이다. 우리가 방문했을 때는 중국 연안의 다른 도시들에 비해 꽤 낙후되어 있는, 한창 개발이 진행 중이던 작은 도시였다. 리훙장이 있던 직예총독부는 보존 상태가 매우 좋았다. 자금성과 함께 중국의 4대 고대궁으로 꼽히는 곳이라 했다. 그러나 대원군이 머문 집은 어떤 상태일까? 중국의 역사 연구가들조차 대원군의 유배지 존재를 확인해주지 않고 있는데, 과연 지금까지 남아 있기는 할까?

그러나 대원군의 유배지는 존재했다. 중국 당국은 한중 관계를 고려해 계속하여 망설이던 대원군의 유배지 칭허다오수를 드디어 우리에게 공개했다. 실제로 그곳을 보니 그들이 망설인 이유를 알 수 있을 것 같았다. 우리가 찾지 않은 우리 역사의 현장이 어떻게 버려지는지는 불 보듯 뻔한 일이다. 그렇기 때문에 우리는 우리의 역사를 잊어서는 안 되는 것이다. 우리가 찾지 않으면 그 누구도 우리 역사를 찾아주지 않는다.

옛 관청쯤 되는 칭허다오수는 하북성 지정문화재로 보호 중이었다. 그러나 외벽에 문화재 지정을 표시하는 석판이 걸려 있을 뿐, 실제로 보호하고 있는 것은 아니었다. 그저 청대 건물이 그대로 살아 있기에 문화재로 지정해놓은 것뿐인 모양새였다. 물론 주변에 빼곡히 아파트 단지가 들어서는 중에 유일하게 옛 건물을 남겨놓은 것을 보면 이 건물을 완전히 없애버릴 의사는 없어 보였다.

건물은 기둥과 지붕, 대문 등 기본 틀이 그대로 남아 있었지만 지붕은 일부 무너져 내리고 있었고, 건물 내부는 일반인들이 살림집으로 쓰고 있었다. 빨래며 살림살이들이 그대로 널려 있는 모습이었다. 물론 대원군의 흔적은 어디서도 찾아볼 수 없었고 남아 있는 유품도 없었다. 안타까운 일이지만, 어쨌든 대원군의 유배지를 확인한 것은 큰 성과였다. 한국 사람이 그곳을 찾아온 것은 처음이라고 했다. 이 일은 국내 언론에 의해 대대적으로 보도되었고, 우리 역사를 되찾는 일에 대한 관심을 일깨우는 계기가 되었다. 한중관계가 계속 발전함에 따라 과거 속에 묻혀 있는 다른 일들도 협의해 나갈 수 있는 초석이 되었다는 점에서 큰 의미를 찾을 수 있는 일이었다.

안중근 의사 유해 송환을 촉구하다

지금까지도 일본의 과거사 청산 문제는 앞길이 멀어 보인다. 긴 경기침체와 원전 사고 등으로 침울한 분위기에 빠진 일본은 오히려 제국주의의 망령이 되살아나려는 듯한 수상한 움직임까지 보이고 있고, 과거사를 반성하기는커녕 역사를 왜곡하고 독도를 국제 분쟁지역화하려는 등 심상치 않은 기운으로 가득하다.

한일관계는 정치적으로 복잡다단한 문제이니만큼 신중한 접근이 필요하다. 그러나 과거에 대한 사죄 없이는 한일관계의 미래는 불투명하다. 아무리 경제적으로 긴밀한 관계를 맺고 있다 해도 과거 청산은 반드시 넘어야 할 산인 것이다. 이는 중국과의 관계에서도 마찬가지다.

안중근 의사는 1909년 하얼빈에서 대한의군 참모 중장 자격으로 조선 침략의 원흉인 이토 히로부미를 저격한 후 현장에서 체포되었다. 그리고 채 6개월이 되지 않아 사형에 처해졌다. 안중근 의사가 수감되었던 곳은 중국의 뤼순감옥이었고, 그 시신은 일본이 빼돌린 것으로 알려져 있기 때문에 안중근 의사의 유해 발굴 및 송환 작업은 한·중·일의 긴밀한 협력이 있어야만 가능한 것이다.

안중근 의사는 남북한에서 공통으로 존경하는 인물이며, 중국과 일본의 지식인들조차 그의 높은 정신을 추앙하고 있다. 당시 이 사건을 두고 중국인들이 가장 존경해 마지않는다는 주은래 총리는 이렇게 말했다.

"청일전쟁 후 일본 제국주의 침략을 반대하는 중국과 조선 인민의 투쟁이 안중근이 하얼빈에서 이토 히로부미를 사살함으로써 비로소 시작되었다."

이는 단순히 조선과 일본의 관계를 넘어 동아시아에서 반제국주의 투쟁의 선봉을 든 역사적인 사건인 것이다.

그런 인물이 고국땅에 묻히지 못하고 먼 타국을 헤매고 있다는 것은 민족의 수치다. 나는 민간인으로서 중국을 드나들 때부터 뤼순감옥을 방문하여 안 의사를 추모하고 그 정신을 기려왔다. 그리고 국회의원이 된 후 2010년 다시 한 번 동료 의원들과 함께 뤼순감옥을 찾아 참배하고 국내로 돌아와 본격적으로 안 의사의 유해 송환에 관한 문제를 추진하기 시작했다.

2010년은 안중근 의사 서거 100주년이 되는 해였다. 나는 역사적으로 의미 있는 해를 맞아 여야 의원 43명과 함께 '의사 안중근 장군 유해 발굴 및 송환 촉구 결의안'을 국회에 제출했다.

이 결의안은 일본 정부로 하여금 안중근 의사의 유해를 적극적으로 추적, 발굴해 고국으로 송환해줄 것을 촉구하는 것을 주요 내용으로 하고 있었다. 또 우리 정부에게도 일본 정부에 대해 취할 수 있는 모든 경로와 방법으로 적극적인 협조와 협력에 나서줄 것을 요청했다.

그리고 안중근 의사 서거일에 맞춰 일본 중의원을 방문했다. 동료 의원들과 더불어 방문단 대표 자격으로 일본 의회를 방문, 사이토 츠요시 등 일본 중의원들과 만나 안중근 의사 유해 발굴 및 송환을 포함해 양국간 과거사 문제에 대한 의견을 나누었다. 나는 안 의사가 한국의 독립뿐 아니라 동아시아 평화를 위해 많은 노력을 한 인물로, 한국은 물론 중국과 일본에서도 존경을 받는 인물인 만큼 반드시 고국땅에 묻혀야 함을 강조하고 일본 의회의 적극적인 노력을 요청했다. 안 의사의 유해 발굴은 정치적 문제를 떠나 인도적 차원에서도 꼭 해결되어야 하는 일이었다. 일본 민주당 의원들과 과거사 해소에 적극 노력하자는 공감대를 형성했으며, 과거사 해소와 한일관계의 전향적인 발전을 위해 양국 의회 차원에서 함께 힘을 모으기로 협의했다. 이후 국내에서 안중근 의사 유해 발굴을 요구하는 강렬한 여론이 일어나, 민간 차원에서도 유해 발굴 사업과 모금사업이 진행되는 등 반가운 소식이 전해져왔다. "조국이 독립되거든 나의 유해를 고국으로 옮겨다오."라고 유언을 남기셨던 안 의사의 간절한 바람대로, 어서 빨리 고국으로 돌아와 편안히 잠드시길 바란다.

인천상륙작전 기념공원 사업을 추진하다

'인천' 하면 사람들이 흔히 떠올리는 곳 중의 하나가 바로 월미도다. 사람들이 송도유원지로 피서를 다니던 그 시절부터 월미도는 인천의 대표적인 관광지 중 하나였다. 그런데 조금만 더 깊이 살펴보면 사실 월미도는 역사의 현장으로 더 유서가 깊은 곳이다. 1904년 러일전쟁의 단초를 제공했던 러시아 전함과 일본 전함의 충돌 사건이 바로 이곳 월미도 앞바다에서 있었고, 1950년 한국전쟁의 와중에 그 유명한 인천상륙작전이 이루어진 곳도 바로 월미

2011년, 인천상륙작전 61주년 기념식에서.

도였다.

우리 현대사에서 역사적 전환점을 제공했던 공간으로서 그 비중이 결코 작지 않은 월미도의 역사성과 가치를 되새기는 차원에서라도 나는 이곳에 어떤 의미 있는 공간이 필요하다고 생각해왔다. 그런 배경에서 제안한 것이 인천상륙작전 기념공원이다. 나는 인천상륙작전 기념공원 조성의 당위성을 꾸준히 주장해왔고, 2013년에 와서 본격적으로 공원 조성사업이 추진되기에 이르렀다.

인천상륙작전은 2차 세계대전을 승리로 이끈 노르망디상륙작전에 버금가는 전승의 금자탑이다. 그런데 프랑스 국민들과 우리 국민들은 이를 바라보는 시선에 차이가 있는 것 같다. 프랑스는 노르망디를 관광유적지로 개발하여 세계적인 명소로 만들었다. 그들의 자유와 행복이 무엇을 기반으로 하고 있는지를 잘 알고 있는 것이다. 그 노고를 잊지 않고 감사하는 마음을 되새기기 위해 기념행사도 거대하게 열고 있다. 그런데 우리나라는 일부에서 반미감정을 앞세워 인천상륙작전의 역사적인 의미를 훼손하려는 분위기가 있다. 인천상륙작전을 기념하는 것은 단순히 전승을 기념하는 것이 아니라, 전쟁의 아픔을 기억하고 평화의 중요성을 인식시키기 위한 것이다. 역사를 기념하는 것은 오늘 우리가 서 있는 현재를 치열하게 성찰하고 교훈을 구하려는 데 그 목적이 있다. 더불어 현재를 지탱하고 있는 과거로부터 우리가 지향해야 할 미래의 좌표를 발견하고자 하는 것이다. 오늘날 우리가 민주주의를 구가하고 경제발전을 이룩하는 데 바탕이 된 희생을 추념하면서, 자라나는 학생들에게는 산교육의 장으로, 참전 국가들에게는 감사의 표시가 되는 기념공원을 만드는 것은 이러한 의미가 있다.

오늘날 노르망디는 이벤트 관광 효과의 가장 대표적인 사례로도 꼽히고 있다. 역사와 문화 유적지를 무대장치로 활용하여 세계사의 한 페이지를 장식했던 치열한 상륙전투 장면을 재현하는 행사를 통해, 국제적으로 연간 200만 명에 달하는 관광객을 유치하는 효과를 톡톡히 누리고 있다. 이런 경제적 효과까지 고려한다면 인천상륙작전 기념공원 사업의 당위성은 분명하다. 우리는 인천의 현재를 관통하는 중요한 역사적 뿌리이자 문화적 자산을 활용해 인천을 국제적인 브랜드로 자리매김하는 데 활용하는 생산적인 방안을 고민해야 한다.

나는 2009년 당정협의회에서 기념공원 조성의 필요성을 제기했고, 2010년에는 '인천상륙작전기념공원 조성 시민추진위원회'의 공동추진위원장을 맡아 본격적으로 사업을 추진해왔다. 이제 인천상륙작전의 장엄한 의미를 기리는 기념공원이 인천항 갑문지구 매립지에 들어서게 될 것이다. 숱한 진통을 겪은 끝에 탄생을 예고하고 있는 이 공원이 살아있는 역사 교육의 장으로 적극 활용되기를 바라는 마음이다.

(고) 윤영하 소령 기념사업 추진

한 번이라도 가본 사람은 알겠지만 백령도와 연평도는 정말로 아름다운 섬이다. 그러나 그 평화로운 풍경 속에는 언제나 긴장감이 흐르고 있다. 서해교전이라 불리던 제2연평해전이 2002년 6월 월드컵 축구로 온 나라가 축제 분위기로 들떠 있던 그해에 발발했고, 참수리 357호 장병들은 조국의 바다를 지키다 장렬히 산화했다. 우리가 눈을 돌리고 있던 서해바다에서, 우리 국민들을 지키기 위해 젊은 목숨을 내던진 장병들의 거룩한 희생을 우리 국민들은 과연 얼마만큼 기억하고 있는지, 참으로 안타까운 일이었다.

그들의 호국정신을 기리는 추모 행사는 부대 자체행사로 거행되어 오다가, 2008년 새 정부가 들어서며 국가추모식으로 승격되었다. 또 '서해교전'으로 불리던 당시 전투가 '제2연평해전'으로 격상되었다. 몇 년의 시간이 흐른 후였지만 그분들의 명예가 회복된 것이 천만다행이었다.

하지만 여전히 아쉬운 점으로 남아 있는 것이 있었다. 이들을 추모하기 위한 시설이 그들이 숨져갔던 곳과 인접한 인천이 아닌 다른 곳에, 일반인들이 접근하기 힘든 군사시설 내에 위치해 있었던 것이다. 이들을 제대로 예우하지 않은 정부를 비난하기 전에 가장 큰 은혜를 입은 우리 국민이 참수리 357호 장병들을 잊어버

2008년, (고) 윤영하 소령의 모교에서 열린 흉상 제막식에 참석하여.

린 것은 아닌지 돌아보아야 할 일이었다.

안타까운 마음을 품고 있던 나는 다음 해 '고 윤영하 소령 기념 사업 추진위원회' 위원장을 맡아 윤 소령의 흉상을 모교인 인천 송도고등학교에 설치하는 사업을 추진했다. 해군 고속정 정장(艇 長)이었던 윤영하 소령은, 다른 6명의 장병과 함께 연평도 인근 해상에서 북방한계선(NLL)을 침범한 북한 경비정의 선제공격을 받은 뒤 교전을 벌이다 전사한 우리의 자랑스러운 젊은이다.

우리는 40여 일의 제작기간을 거쳐 윤 소령의 생전 모습을 충실히 재현하고, 6월 29일 기념일에 맞춰 송도고등학교 교정에서 제막식을 가졌다.

"서해의 영웅이 되어버린 그 이름과 대한의 가슴속에 영원토록 새겨질 아들……. 조국과 민족을 위해 바다에 맹세한 대한의 사나이, 뼈와 살을 내려놓고 피와 땀을 흩뿌린 윤영하 선배님을 기억한다."

이는 당시 송도고등학교 2학년 학생이었던 안동헌 군의 글이다. 학교에서 전교생을 대상으로 비문을 공모하여 선정된 것이다. 기념사업회는 지금 약 5,000만원의 장학금을 확보, 제2, 제3의 윤영하 소령을 지원하고 있다. 이로써 윤 소령은 모교의 품에서 후배들의 기억에 영원히 남을 수 있게 되었다. 윤 소령을 비롯한 여섯 영웅들이 목숨을 바쳐 지킨 연평도 앞바다는 바로 270만 인천시민들의 앞마당임을, 또 4,700만 국민이 지금처럼 평화롭게 생업을 이어갈 수 있는 것은 바로 그 여섯 영웅들과 참전용사들 덕분임을 결코 잊어서는 안 될 것이다.

3. 서해 5도 주민들을 잊지 않는다

최전방 백령도에서 안보 워크숍 개최

천안함 침몰과 연평도 포격 사건이 일어나기 전인 2009년부터, 나는 해마다 서해 최전방 백령도에서 안보 워크숍을 개최하고 있었다. 인천 앞바다에서 백령도와 연평도의 우리 어민들은 극도의 긴장 속에서 조업을 하고 있는데, 당시 북한에서는 서해에 미사일을 내리꽂겠다는 둥 도발을 감행하고 있었고, 우리 국민들과 인천 시민들조차 북방한계선 근처에서 조업하는 어민들이 어떤 긴장 속에 있는지 잘 모르는 듯했다.

내가 국방부의 만류에도 불구하고 동료의원들과 백령도로 들어갔던 것은 국민들의 안보의식을 고취하고 현장 위주의 안보정책 수립에 대한 주의를 환기하는 계기가 되길 바랐기 때문이다. '내가 들어가기 위험한 곳이라면 그곳의 주민들은 얼마나 큰 위험 속

나는 서해 특정지역의 안보에 지속적인 관심을 두고 있다. 2005년, 백령도 해군 미사일 부대에서.

에 노출되어 있는 것인가.' 국방부에서 신상의 위험을 이유로 나를 만류할 때 그런 생각이 들었다.

나와 동료 국회의원들은 백령도에서 1박 2일을 지내며 안보정책에 대해 진지하게 논의했으며 그곳의 주민들과 공무원, 군인들의 노고를 치하하고 위로했다. 그렇게 그곳에 가는 발걸음이 많아야 그만큼 더 안전한 지역이 될 수 있다고, 나는 지금도 믿고 있다.

연평도 폭격 사건

2010년 3월, 백령도 인근 해상에서 천안함이 침몰되었다. 승조원 104명 가운데 40명이 사망하고 6명이 실종됐다. 침몰 원인은 북한의 어뢰로 밝혀졌다. 그 충격이 가시기도 전인 그해 11월, 북한이 연평도에 포격을 가했다. 46명의 우리 장병을 희생시킨 천안함 침몰 사건에 대해 국제사회가 북한의 책임을 추궁하고 사과를 요구하고 있는 시점에서, 북한은 반성은커녕 우리 측을 향해 또다시 무모한 도발을 감행한 것이다.

북한은 백령도와 연평도를 비롯한 서해 NLL 도서지역을 향해 무고한 주민의 생명과 생계를 위협하는 해안포를 무려 130발이나 발사했다. 당일 우리 군은 미군과 더불어 확고한 해상방위 태세 확립을 위한 연합훈련을 실시하고 있던 중이었다. 긴장을 제어하고 주민의 안전을 확보하기 위한 우리 군의 안보적 조치에 대해 북측은 무고한 주민들을 향한 해안포로 대응한 것이다. 게다가 선전포고도 없이, 군부대와 주민들이 사는 마을을 가리지 않고 무차별적으로 폭격을 가한 것은 반인륜적인 행위로 규탄받아 마땅한 일이다. 연평 지역을 위시한 서해 특정해역을 관장하는 국회의원으로서 참담한 심정은 이루 말할 수 없었다.

연평도 피해지역 방문

　나는 당일 국회예결특위장에서 김태영 국방장관으로부터 보고받고 즉시 연평도로 향하였다. 군에서는 극구 만류하였으나 보건소가 포격당해 피해주민의 치료를 걱정하는 나의 강한 의지 앞에서는 꺾일 수 밖에 없었다. 우리 당에서도 안상수 대표를 포함한 4명의 대표단이 다음 날 급히 헬기를 타고 연평도를 방문했다. 연평도 앞 바다에서 보니 아직 산에서 연기가 피어오르고 있었다. 혹시나 불발탄이 남아 있을 수도 있어 진화 작업이 매우 조심스럽게 진행되고 있다고 했다.

　일단 연평부대로 가서 브리핑을 받았다. 전날 연평 군부대에서는 인근 조업 어선들에게 복귀명령을 내리고 사격훈련을 시작했다고 한다. 이날 훈련은 그동안 정기적으로 해오던 것으로, 천안함 사건이 터지면서 그 전후로 잠시 중단됐다가 다시 재개된 것이었다. 8월의 사격훈련에 대해서 북측은 우리 바다에 경고사격을 가했고, 9월에는 반응이 없었다고 한다. 그런데 11월 훈련에 연평도 전역에 무차별 포격을 가한 것이다. 주민들의 말에 따르면 군부대, 마을에 상관없이 그대로 동시에 포탄이 떨어졌다고 한다.

　북한의 122mm 방사포 파편들을 직접 볼 수 있었다. 피해 상황을 둘러보니 특히 파출소, 면사무소, 보건소 등 공공건물을 표적으로 한 것이 역력했다. 면사무소는 포격으로 지붕이 뚫려 있었다. 연평도의 중심가인 남부리에 가보니 가옥 여섯 채가 잇따라 전소되어 있었다. 거기에 포탄 3발이 떨어졌다고 했다. 바로 건너편에 살던 남부리 주민은 전쟁이 난 줄 알았다며 그때의 끔찍한 상황을 전했다. 연평도 주민 1,700명 중 1,000명 정도는 이미 섬을 빠져나간 상태였고, 남은 주민들도 언제 또 포탄이 날아올지 몰라 두려움에 떨고 있었다. 남부리에 사는 85세 할머니는 6·25 때도 이런 끔찍한 일은 겪지 않았다며 두려워하셨다.

연평도 대피소는 너무 낡고 노후한 상태였다. 대피소에 정통으로 포탄을 맞았다면 그대로 무너져 더 큰 피해가 났을 상황이었다. 길가에는 주민들이 김장을 담그고 있던 배추들이 그대로 나뒹굴며 당시의 급박한 상황을 증언해주고 있었다.

서해 5도 주민들의 안전과 생활대책 촉구

나는 다음 날 국회에서 열린 최고위원회의에, 포격 당일 연평도에 떨어진 122mm 방사포 로켓 포탄을 들고 갔다. 사태의 심각성을 알리고 빠른 대책 마련을 촉구하기 위해서였다. 나는 이미 지난 2월, 국회 대정부질문을 통해 연평도를 비롯한 서해 5도의 주민대피시설 현대화와 주민보호 계획 수립의 필요성과 예산지원을 주장했었다. 그러나 천안함 사태가 일어난 후에도 정부나 국민 모두 설마 북한군이 민간인을 공격할 리가 있겠냐는 안일한 태도를 보여왔던 게 사실이다. 국민의 생명과 재산을 보호하고 생업의 터전을 지켜주는 것은 국가의 책무다. 그런 기본적인 책무를 정부도, 국회도 소홀히 한 것에 대해 개탄하지 않을 수 없었다.

늦은 감이 있지만 연평도 포격 사건으로 인해 정부와 국회는 획기적인 지원 대책과 전폭적인 예산지원에 나섰고, 긴급복구비 309억 원을 투입했다. 나는 '서해 5도 지원 특별법'을 발의하여 정부의 지원근거를 마련한 법안명으로 섬주민의 고통을 덜어주는 정주여건 향상, 주민 소득증대, 안전을 포함한 복지, 교육 등을 담고 있다. 또한 다음 해 예산에서도 서해 5도에 대한 지원 자금이 편성되도록 하였다.

최근에도 연평도에서 북한 이탈주민이 어선을 훔쳐 월북하는 사건이 발생하는 등 서해 5도의 위험은 줄어들지 않고 있다. 북한의 군사적 도발 위협뿐만 아니라 얼마 전의 개성공단 폐쇄 등 남북관계의 긴장상태로 인해 서해 5도 주민들은 긴장의 끈을 놓지 못하고 관광객 감소, 어획량의 감소 등 주민생계에 막대한 타격을 입고 있다. 주민들의 불안감이 점점 커지고 하루라도 빨리 열악한 정주여건을 개선해야 하는 문제가 시급하다는 판단에 나는 최근

국민의 안위를 지키는 것은 정부와 우리 국회의원들의 일차적인 임무라고
생각한다. 서해5도 특별법 제정 기자회견 김무성 당시 원내대표와.

'서해 5도 지원 특별법'의 개정안을 발의했고, 이 개정안은 지원 범위를 농어업인에서 소상공인까지 그 범위를 확대하고, 수산자원 보호 및 불법조업 방지를 위한 시설물 설치를 지원하도록 하는 내용을 담고 있다. 또 여객선 운영에 따른 결손을 지원하는 등의 방안도 포함되어 있다.

다른 여러 방면으로도 나는 서해 5도 주민들의 안전과 생활대책을 계속하여 살피고 있는 중이다. 서해 5도 주민들은 북한과의 접경지역 최일선에서 국민을 대신해 안보 방파제 역할을 하고 있다는 점을 우리는 잊어서는 안 된다. 이제 포격사건 3주년이 되었지만 지금도 서해 도서지역 주민들은 그날의 악몽을 잊지 못하고 있다. 이 자리를 빌어 다시 한 번 피해 주민들에게 위로의 마음을 전하며, 더 이상 북의 도발은 절대 용납할 수 없는 것임을 다시 한 번 강조한다. 그리고 서해에서 조국을 지키다 목숨을 잃어간 해군 장병들의 희생에 머리 숙여 경의를 표한다.

도서지역 주민들의 삶을 보살피다

18대 국회의원 임기가 시작된 첫날, 나는 덕적도와 소야도 주민들을 방문함으로써 첫 일정을 시작했다. 덕적도와 소야도 주민들

도서지역 주민들의 생활을 향상시키기 위해서는 기반시설의 건립이 매우 중요하다.
2009년, 연평항 확장공사 기공식에서 정종환 국토해양부 장관, 이길범 해양경찰 청장,
조윤길 옹진군수와 함께.

의 집단민원을 파악하고 덕적면사무소에서 주민간담회를 가진 것
이다. 그 자리에서 주민들이 외진 섬에서 생활하는 고충을 토로했
던 것을 잊을 수 없다.

"덕적도와 소야도를 건너는 유일한 뱃길을 야간에는 다닐 수 없
어 학생들이 야간수업을 못하는 상황입니다."

나는 가난한 어부의 자손이다. 나 또한 섬에서 어린 시절을 보
내고 자라왔기에 그 고충을 충분히 이해하고 있다. 도시와 같은

편의시설과 문화시설이 갖추어지지 않은 것은 어쩔 수 없다 하더라도, 최소한 생계를 위한 기반시설조차 열악한 것은 큰 문제다. 도서지역의 주민들을 위한 교통 문제의 해결, 교육환경의 개선 등 주민들이 살아가기에 꼭 필요한 것들에 대해서는 정부의 지원이 반드시 필요하다. 이런 소외된 지역을 보살피는 것이 국가의 역할이 아니겠는가.

게다가 서해 5도 주민들은 안보적으로도 늘 불안감에 시달리고 늘 긴장 속에서 생활한다. 그렇다고 자신의 생활 기반을 떠날 수 있을 정도로 경제적인 여유가 있는 이들이 그곳에 얼마나 있겠는가. 대부분 노인들이며 농사와 어업으로 겨우 생계를 유지하고 있는 이들이다. 서해 5도의 안보 위험으로 관광객마저 줄어들고 있는 실정이다. 그때 덕적도와 소야도 주민들은, 덕적도에서 소야도 사이를 잇는 연도교 사업을 국비로 추진해줄 것을 정식으로 건의했다. 이는 10년 넘게 주민 숙원사업으로 제기되어온 것이었다. 나는 주민들의 편의는 물론 섬 관광 활성화의 기폭제가 될 수 있는 연도교 사업의 예산확보에 발 벗고 나설 것을 주민들에게 약속했다.

지금도 나는 한 달에 두세 번은 섬으로 들어가 주민들의 생활을 살핀다. 옹진군에 섬이 100개가 있고 그중 무인도 75개를 빼면 25섬이 유인도이다. 그곳 주민들을 다 보살피려면 늘 시간이 부족하다. 나는 의정활동 3개월 만에 인천에서 백령도를 잇는 뱃길을 종전보다 1시간까지 줄였고, 옹진군 25개 섬에 물때와 상관없이 배를 댈 수 있는 선착장을 완비하겠다고 주민들과 약속한 후 그 사업을 꾸준히 추진 중이다. 이는 그들의 생계에 직접 관련되는 일이기에 절대로 외면할 수 없는 일이다. 또한 도서 지역의 상수도시설을 확충할 수 있도록 정부에 공식으로 요청했다. 4대강사업이 마무리되면서 다목적댐 건설 등으로 내륙지역의 물 공급능력은 증가되었으나 도서·산간지역의 물 공급은 상대적으로 열악한 실정이다. 도서주민의 '물평등 권리'가 침해받고 있는 것이다.

나는 도서지역이 정부의 용수공급 및 개발사업에 포함되지 않았음을 지적하고, 도서·산간지역 주민들에 대한 지원시설을 확충할 수 있도록 법적인 근거를 마련해, 가뜩이나 어려운 지역이 물 공급에서 소외받지 않도록 최선의 노력을 기울였다.

서해 5도에 국제관광단지 개발

나는 백령도에 외국인 카지노 등 국제 관광휴양단지를 개발해야 한다는 주장을 쭉 설파해왔다. 백령도를 비롯한 서해 5도는 동북아 최고의 문화·관광레저단지로 발전할 수 있는 충분한 가능성을 내재하고 있다. 특히 백령도는 우리 국토의 최북단 섬이라는 상징적 의미와 풍부한 천연자원을 두루 갖추고 있다. 사곶해변과 콩돌해변, 물범바위 등을 둘러싼 둘레길 곳곳에 심청각과 천안함 위령탑, 중화동 교회 등 인천의 역사를 느낄 수 있는 문화 관광자원이 들어서 있다. 또 대청, 소청권은 동백나무 테마단지와 모래마을 조성 등 자연자원을 중심으로 한 관광단지로 개발될 가능성이 있다.

그러나 대부분 인구가 노인인 서해 5도는 관광객을 맞을 수 있는 여력조차 없다. 이에 서해 5도를 무인도화하지 않기 위해서라도 정부가 나서서 이곳을 관광단지로 개발할 필요성을 주장한 것이다. 서해 5도의 평화가 유지되기 위해서는 이 지역의 활성화가 필요하다. 이 지역에 끊임없이 외국인 관광객이 드나들 수 있는 관광단지가 개발되면 북한도 감히 이곳을 분쟁지역으로 만들지는 못할 것이라는 게 내 생각이다.

최근 백령도를 국제 해양관광의 거점으로 육성하는 이 프로젝트 사업은 점점 현실화되고 있다. 서해 5도 종합발전계획에 따라 정부에서는 국비 약 7,000억과 민자 2,000억 원의 자금을 투입할 예정이다. 국제 관광휴양단지를 조성하고 백령도 경비행장 등도 들어설 계획이다. 항만, 항공 등 항로 개설에 따라 늘어나는 관광객을 수용할 수 있는 특급 호텔과 골프장을 중심으로 한 레저 산업도 기획하고 있다.

 나는 그 계획의 일환으로 중국 산동성 영성시를 방문하여 백령도와 웨이하이를 연결하는 여객항로 개설을 협의한 바 있다. 중국에서도 이에 큰 관심을 보이고 항로 개설을 추진하기로 합의했다. 한중 정상회담에서도 백령도와 중국 영성시 간 항로개설의 필요성을 공감하였으니, 이를 통해 중국 관광객이 직접 백령도로 직항할 수 있는 루트가 열릴 것이다.

 오는 2020년이면 서해 5도를 중심으로 백령도 카지노와 고급 숙박시설을 갖춘 국제 관광휴양단지와 해양생태 관광지가 조성될 것이다. 인천~백령도 항로에 2,500톤급 대형여객선이 도입되고 인천~연평 항로에 700톤급 쾌속선이 투입되는 등 해상 교통체계를 개선하고, 또 연안어장 관리를 위해 백령~대청 해역에서 바다목장 사업이 추진될 것이다. 지역 주민 소득기반 창출을 위해 농특산물 명품브랜드 발굴에 대한 지원도 이루어질 것이다. 이미 과거에 송도를 자유경제구역으로 조성한 바 있는 나는, 서해 5도를 동북아 최고의 문화 · 관광레저단지로 발전시키겠다는 원대한 비전을 결코 포기하지 않을 것이다.

4. 성장과 분배의 균형

산업화, 민주화를 모두 경험하다

나는 인생의 절반을 실물 경제인으로 살아왔고, 전 세계 시장을 누비며 대한민국 경제발전을 위해 몸 바쳤다. 또 인천의 부시장, 외교부 경제통상대사로 대한민국과 인천을 위해 해외투자를 유치하고 인천공항과 경제자유구역을 만드는 데 힘썼다. 젊은 시절에는 연세대 학생회장으로 민주화에 헌신하고, 대한민국 해군 장교로 조국수호의 길에 앞장섰다.

우리나라는 산업화와 민주화가 동시에 40년 동안 압축식으로 이루어진 독특한 역사 배경을 갖고 있다. 빠르게 산업화되던 1960~70년대, 한편으로는 모든 국민이 똘똘 뭉쳐 고속 성장을 일구면서 한편으로는 민주화를 위해 싸우며 피를 흘렸다. 지금 우리나라의 최대 화두가 되고 있는 산업화와 민주화, 성장과 분배의 가치 대립은 이러한 역사적 배경과 무관하지 않다.

　나는 이 나라의 민주화와 산업화의 역사를 온 몸으로 겪어온 사람이다. 69년 3선개헌 반대투쟁 때 전국학생연맹을 이끌었고, 사회로 나온 후부터는 경제 일선에서 대한민국의 성장을 위해 땀 흘렸다. 그렇기에 지금의 사회갈등이 어디서부터 비롯되었으며, 갈등 해결을 위해 어떤 가치를 지향해야 하는지, 편견 없이 현실을 바라보고 치우침 없이 판단하는 눈을 갖게 되었다.

　내가 추상화된 이념이 아니라 실체화된 실용의 관점에서 성장과 분배, 대기업과 중소기업, 자본과 노동의 문제를 바라보고 '확대균형'이라는 새로운 가치지표를 제시한 것이나, '지속 가능한 복지'의 이념을 내세운 것도 그러한 현실감각에 의한 것이다.

　산업화와 민주화, 그 어느 것도 우리에게는 놓칠 수 없는 가치이다. 그러나 어느 쪽으로도 치우쳐서는 안 된다. 그러면 우리는 또 하나의 중요한 가치를 잃고 만다. 일생을 통해 이 땅의 민주화와 산업화를 경험한 나는 우리 사회의 가능성을 현장에서 목격해왔고, 우리에게는 그 어느 가치도 놓치지 않고 나아갈 힘이 있다는 것을 확신한다.

현실감각을 기반으로 국가경제를 논하다

실물 경제인으로서 살아온 지난날은 나에게 현실감각을 갖추게 했다. 경제성장과 분배를 논하며 나는 이상에 치우치지 않는다. 내가 확대균형이라는 새로운 성장모델을 제시한 것은 그런 경험에서 비롯된 것이다.

확대균형 정책은 글로벌 경제규모에 맞게 시장경쟁력을 갖춘 대기업과 첨단기술을 지원하되 중소기업과 상생을 추구하며, 선택과 집중을 통한 경제확대와 성장을 지원하되 사회적 안정성 제고를 위해 중산층을 복원하고 빈곤을 줄이는 길을 모색하는 것이다. 삼성전자나 포스코, 현대자동차 같은 글로벌 경쟁력을 갖춘 대기업을 통해 한국 경제의 성장과 발전을 추구하면서 동시에 전체 산업인구의 절대 다수가 종사하는 중소기업의 연쇄적인 동반성장을 확대하는 방안을 찾자는 것이다.

이는 성장을 통해 부를 재분배하고 사회적 부의 증가를 통해 전반적인 지위상승을 향해 가자는 원대한 비전이다. 이를 위해서는 소아병적인 분파주의와 국론분열을 극복하고 중앙과 지방, 대기업과 중소기업이 같이 상생·공존하면서 국가발전에 매진해야만 한다.

이를 위한 대안으로서 나는 SOC(사회간접자본)와 R&D(연구개발) 투자 확대를 끊임없이 주장해왔고, 1993~5년까지 국가 SOC 강화위원으로 활약했다. SOC 투자는 경기회복을 유도하고 성장 잠재력을 키우는 효과가 크다. 또 R&D 투자와 함께 성장동력 창출의 근간이 된다. 재정투자는 실물경제를 살리는 가장 큰 무기다. 국가 경제가 침체의 위기에 봉착한 이때 국민에게 빵을 나누어줄 것이 아니라 일자리를 나누어주고, 생산을 독려하고, 기업들로 하여금 투자에 나서게 함으로써 호황을 준비하도록 하는 것이 진정한 국가의 역할이라고 생각한다.

또한 신성장동력으로서 플랜트 산업에 대한 정부 지원 확대를 주장해왔는데, 플랜트 산업이란 전력·석유·가스·담수 등 제품을 생산할 수 있는 설비를 공급하거나 공장을 지어주는 산업을 말한다. 경기가 침체되고 수출이 위축되는 상황에서 플랜트 수출은 하나의 대안이 될 수 있다. 해외에서 플랜트를 수주하면 설비와 부품 상당 부분을 국내에서 조달하기 때문에 전체 금액 중 절반 정도가 수출로 연결되며, 그에 따른 부가가치나 경제적 파급효과는 어마어마하다.

그러나 고부가가치 분야인 GTL이나 LNG 같은 경우는 기술력 부족으로 우리는 접근조차 못하고 있는 실정이며, 프로젝트 규모가 점점 커지는 반면 자금이 부족하여 우리 기업들이 적극적으로 이 분야에 진출하지 못하고 있다. 이에 정부가 나서 투자를 확대하고, 플랜트 생산공정에 주주로서 참여하는 등의 방법으로 적극적으로 플랜트 산업을 육성할 필요를 역설한 것이다.

지금 우리에게 가장 중요한 것은 경쟁력을 높이는 일이다. 성장과 확대를 모색하며, 이와는 별도로 균형과 분배를 논의하는 것이 전체 파이의 크기를 키우고 모두에게 이익이 돌아가도록 하는 방법이다.

사회갈등의 해결이 경제를 살린다

학생시절 민주화 운동을 하고 쭉 기업인으로 살아오면서, 나는 경제성장과 함께 노동자의 처우개선과 분배 문제에 눈을 감을 수 없었다. 나는 사회갈등의 해결이 곧 경제발전으로 이어진다는 신념을 지녀왔다.

1980년대 중반, 내가 대한제당 기획실장으로 있을 때 우리 회사에도 노사갈등의 바람이 불어왔다. 노사 문제는 기업에서 해결해야 할 중대한 문제 중 하나다. 지금도 외국 기업들이 한국에 대한 투자를 꺼리는 이유 중에 노사갈등이 큰 부분을 차지한다. 이것은 비단 우리나라만의 문제는 아니지만, 급변하는 역사 속에서 투쟁 일변도의 성향을 띠는 우리나라의 노동운동은 심각한 사회문제가 된다. 1970년대 고도성장을 위해 일관되게 유지한 저임금 정책과 기업들의 가부장적인 경영체질, 그에 따른 노동자들의 상대적 빈곤감과 불만이 한꺼번에 터져 나온 것이다.

그때 당시 기획실장으로 있던 나는 노사 문제 해결에 대한 실질적인 책임자로서 노조 대표들과 대화에 나섰다. 우선 대화를 통해 그들의 입장을 충분히 들어야 했다. 당시 대한제당의 생산공장은 전국에 다섯 개가 있었다. 나는 각 사업장을 돌며 그들에게 회사 사정과 입장을 성실히 설명했다. 그런데 문제는 당시 사회가 마땅한 대화의 방법과 이해력을 갖추지 못하고 있었다는 것이다. 우리 회사뿐 아니라 다른 회사의 경우도 마찬가지였다. 노조원들은 사주와 경영진을 이해하려는 준비가 되어 있지 않았고, 회사 사정과 경영 내용을 아무리 자세한 수치로 설명하고 경영구조와 이익구조를 설명하려 해도 받아들여주지 않았다.

그러나 나는 포기하지 않았다. 서로의 한계를 인정하고 인간적으로 접근하고자 노력했다. 각 공장을 정례적으로 순회하며 설명하고 질문을 받는 형식으로 끊임없이 이해를 구했다. 밤늦도록 함께 마주 앉아 그들의 삶의 이야기를 진지하게 듣고 서로의 입장을 나누기를 반복했다. 그런 노력을 거듭하다 보니 그들은 나의 인간적인 노력과 회사 측의 경영 성실성을 하나씩 받아들이기 시작했다. 노조 측도 합리적이고 객관적으로 상황을 파악하려는 노력을 하기 시작한 것이다.

결국 모든 갈등은 인간 대 인간이 만나 서로 진솔하게 대화를 나누며 풀어갈 수밖에 없다. 인간적인 신뢰 위에서만 갈등의 해결이 가능한 것이다. 그 후 내가 대표이사 사장직을 맡은 후에도 나는 이런 원칙을 고수했다. 상호간에 인간적인 이해의 바탕 위에서 대화로 문제를 해결하는 것, 먼저 경영진부터 사원들을 중시하고 인간을 먼저 보는 철학을 갖는 것이다.

공직으로 나온 후에는 이런 열린 마음으로 대화를 시도하는 것이 더욱 중요해졌다. 한 기업에서도 서로 각자 자기 이익을 주장하기 바쁜데 하물며 수많은 이해당사자들이 얽히고설켜 있는 나라 살림이야 오죽하겠는가. 여야 사이의 끊이지 않는 갈등, 중앙정부와 지역구 사이의 서로 양보할 수 없는 이해 갈등, 국회의원은 그 갈등의 해결 고리가 되어야 하는 위치에 있다. 나는 그때마다 대화하고 중재하며 문제를 해결하는 데 집중한다. 주민들의 이익을 대변해야 할 때는 주저 없이 나선다.

나는 오래도록 기업에 몸담았던 사람이다. 기업은 구성원 간의 갈등을 그때그때 해결하지 않고서는 앞으로 나갈 수 없다. 그리고 갈등 해결에 주체가 되어야 할 사람은 경영진이다. 경영진이 뒷짐 지고 앉아서는 아무것도 해결되지 않는다. 사원들이 요구하는 것이 무엇인지, 혹은 요구하기 전에 먼저 배려해야 할 것은 무엇인지 끊임없이 살펴야 한다. 이것은 한 기업이라는 거대한 기계에 기름을 치는 것과 같다. 꾸준히 기름칠을 해주지 않으면 기계가 삐걱거리고 심지어는 멈춰버리고 만다. 국가는 더욱 거대하고 복잡하며 정교한 장치다. 그 거대 장치가 제 역할을 하며 제대로 돌아갈 수 있도록 윤활유 역할을 해야 하는 것이 정치하는 사람의 몫이라고 생각한다. 그리고 그 핵심은 대화와 이해에 있다는 것이 지금껏 내가 관철해온 변치 않는 철학이다.

IMF를 이겨낸 저력

1997년 IMF 외환위기에도 나의 원칙은 변함이 없었다. 당시 나는 대한제당 대표이사직을 맡고 있었다. 최고경영자로서 느낀 당시의 위기감은 대단했다. 평균 Usance 2억불을 안고 있는 회사에서의 환율이 100원이 오르면 200억원의 손실이 나는데 6개월간 계속 오르는 환율과 국내가격과의 괴리로 그대로 앉아 5,000억원의 손실을 가져오는 것이다. 일단 경영지표에 빨간 불이 켜지기 시작했다. 국가신용등급은 추락하고 환율은 무섭게 폭등했다. 수출입 의존도가 높은 우리나라 기업들에게 큰 타격이 아닐 수 없었다.

당시 많은 기업들이 인원 감축 등의 극단적인 구조조정으로 위기를 극복하려는 분위기였으나, 나는 명예퇴직이나 권고사직 등으로 인원을 줄이는 감축경영의 방법을 택하고 싶지 않았다. 회사를 절대적으로 신뢰하며 한창 일할 나이의 직원들을, 그동안 한솥밥 먹으며 고락을 같이해온 그들을 그 엄동설한에 내친다는 것은 생각조차 할 수 없었다.

나는 일단 '무감원', '무감봉', '무분규'라는 회사경영의 삼무(三無) 원칙을 세우고 대외에 이런 나의 생각을 공표했다. 당시 한 경제지와의 인터뷰에서 나는 이렇게 말했다.

"우리 회사는 오랜 역사만큼이나 보수적인 색채를 지닌 회사입니다. 회사가 살겠다고 그동안 한솥밥을 먹으며 지내온 사원들을 거리로 내치지는 않을 것입니다. 만약 우리 사원 중에 가족과 함께 거리로 나서는 이가 생겼다면, 나 역시 내 가족과 함께 거리에 나앉아 있을 것입니다."

그러나 외환위기는 그렇게 간단하고 만만한 것이 아니었다. 치솟는 환율 앞에서 속수무책으로 적자를 감수해야 했고, 은행은 은행대로 자기 살기 위해 발버둥 치느라 금융 시스템까지 전부 마비되어버린 상황이었다. 우리는 이중삼중의 고통 속에서 결단을 내려야 했다. 결국 우리의 살을 스스로 도려내는 수밖에 없었다. 경기도 양주 일대 100억 원대 토지와 계열사 중 하나인 TS엔터프라이즈를 매각했다. 이로써 우리는 당시 250퍼센트에 육박하던 부채비율을 170퍼센트 이하로 끌어내려 다시 기업 체질을 건강하게 되돌릴 수 있었다.

이러한 노력으로, 외환위기 당해 연도인 1997년에 29억 적자를 보았던 우리 회사는 단 한 사람의 감원 없이 그 겨울을 지내고 1년 만에 다시 흑자로 돌아섰다. 직원들은 회사의 경영방침에 적극 동참하여, 월급의 5~10퍼센트를 스스로 인하하고 회사 살리기에 매달렸으며, 1년 후에는 다시 예전 수준의 월급으로 인상받을 수 있었다. 노사가 힘을 합쳐 위기를 극복한 것이다.

이런 결과를 두고, 기업의 극복 의지와 원활한 노사관계의 성공을 칭찬하여 인천시로부터 1998년 산업평화대상을 받는가 하면, 언론에서는 '3무 신화'를 이룩했다며 우리 회사를 대서특필하기도 했다. 그러나 그것은 신화가 아니었다. 하늘은 스스로 돕는 자를 돕는다고 했다. 목전의 작은 이익에 연연하여 대의를 잃지 않고, 서로에 대한 사랑과 신뢰로 똘똘 뭉쳐 미래의 더 큰 가치와 비전을 이루어낸 '인간들의 이야기'인 것이다.

나는 경제성장의 목표는 결국 분배에 있다고 생각한다. 성장을 위해 박차를 가하되, 가장 어려운 위치에 처한 이들을 외면해서는 안 된다. 대기업과 중소기업이 함께 공존하는 길을 찾는 것, 성장으로 인해 그 혜택이 골고루 돌아가는 사회정의를 실현하는 것이 내가 말하는 확대균형의 새로운 가치이다.

지속 가능한 복지를 생각하다

경제가 커지고 사회구조가 고도화되면서 취약계층에 대한 사회적 소외는 더욱 심화되고 있다. 오늘날 우리 한국은 세계 경제 10위권 국가로 성장했다. 그러나 국가는 부자일지 모르나 서민들은 그것을 피부로 못 느끼는 안타까운 실정이며, 사회적 병리가 만연한 상태다.

현재 대한민국 국가경쟁력 순위는 계속 하락하고 있다. 물론 북한과의 긴장 고조와 같은 컨트리 리스크가 반영된 측면이 있지만, 부정부패나 사회적인 투명성 문제, 그리고 사회의 분열과 갈등이 더 큰 영향을 미치고 있다. 사회적 갈등으로 인한 연간 비용은 300조 원에 이른다고 한다. 그로 인한 손실규모는 1인당 GDP의 27%에 달한다. OECD 27개국 가운데 우리나라의 사회갈등지수가 네 번째로 높다는 조사결과는 우리를 부끄럽게 한다.

사회적 갈등이 깊어지면 신뢰가 저하되고 결국 거래비용이 높아져 국가 전체적으로 경제적 효율성이 떨어진다. 이에 국가는 사회에서 소외감을 느끼는 이들을 껴안아야만 한다. 이들의 자활을 도모할 수 있는 자립적이고 생산적이며 능동적인 복지, 섬세하고 미시적인 안전망이 필요하다. 내가 2011년 국감에서 건강보험료 생계형 체납자에 대한 결손처분을 요구했던 것도 이러한 이유에서였다. 그들은 건강보험료가 월 1만 원 이하인 생계형 체납자들이었다. 이들에 대한 결손을 국가가 처분해줌으로써 취약계층의 자활을 지원하고, 의료사각지대를 최소화하는 것은 사회보장에 대한 국가의 기본책무라 여겼다.

복지 부문에서 내가 늘 염두에 두는 것은 크게 두 가지다. 하나는 좀 더 촘촘한 안전망을 만드는 것이고, 다른 하나는 그것을 어떻게 지속가능하게 할 것이냐는 것이다. 무상의료, 무상보육과 관련하여 '선택적 복지와 보편적 복지' 논쟁이 끊이지 않는 상황이지만, 지금은 '섬세한 복지 미시적인 안전망' 이 더욱 필요한 때다. 더불어 국민들에 대한 과세를 늘리는 임시방편적인 대안이 아닌, '성장과 함께하는 복지' 가 바탕이 되어야 한다.

정부재정이라는 것이 대한민국 국민이 내는 세금으로 운용된다는 것은 누구나 다 알고 있는 사실이다. 결국 국민이 낸 세금으로 복지재정을 충당하며 '무상복지' 라는 허울 좋은 이름을 내세우는 것은 국민들을 속이는 포퓰리즘일 뿐이다. 가뜩이나 국민연금, 건강보험 등의 재정악화가 지속되고 있고 그에 따른 세금 인상이 결국 국민 부담을 가중시키는 악순환이 되풀이되고 있는 상황에서 어떻게 재원을 마련할지에 대한 대책이 우선 마련되어야 함에도 인기영합적인 포퓰리즘으로 국민을 현혹하고, 그것을 통해 논란을 일으키면서 분열과 갈등을 부추기고 있는 것이다.

세금 인상은 곧바로 국민들의 부담으로 이어지고, 눈 가리고 아웅 식의 문제 해결은 다음 세대의 빚으로 고스란히 남게 된다. 나는 2011년 국감에서 복지 분야의 '경영혁신'을 강조했다. 국민들에 대한 과세를 늘릴 것이 아니라, 보험재정을 재설계(re-engineering)하고 재조직(re-organizing)하는 경영혁신이 우선되어야 한다는 것이다. 한정된 자원을 효율적으로 배분하고 재정지출의 한계효용을 극대화하는 정책이 무엇보다 필요하다.

또 보육교사의 월평균 급여가 4인 가구 최저생계비에도 못 미친다는 점을 지적, 그들에 대한 처우개선을 주장했고, 간병서비스 수요가 증가하는 현실을 감안해 '보호자 없는 병원'의 필요성을 제기했다.

나는 보편적인 복지가 아닌 하위 30%에 집중된 복지를 주장해왔다. 그것이 한정된 자원을 효율적으로 이 사회의 취약한 지점에 분배하고, 지속 가능한 복지를 실현하는 현실적인 방안이라고 생각하기 때문이다. 사회의 '약한 고리'를 찾아내 안전망을 구축하고, 작은 파이를 나눌 것이 아니라 큰 파이를 키워 나누는 것이 지속가능한 복지다. 앞으로 초고령 사회로의 진입과 국민의 복지수요 증대에 따라 복지 지출이 끝없이 확대될 것으로 예상되는 지금, 복지 분야에서도 선택과 집중이 더욱 중요한 시점인 것이다.

노블리스 오블리제의 실천

나는 소외지역이라 할 수 있는 섬에서 태어나 넉넉하지 않은 집
안 살림 속에서 자라났지만 할아버지의 근면함과 아버지의 올곧
음과 신앙으로 그 혜택을 충분히 누려왔다. 고등교육을 받고 기업
의 CEO로, 국회의원으로 이 사회의 지도자적 위치에 서왔다. 따
라서 나는 사회적 책임감을 가져야 하는 위치에 있다고 생각한다.

나는 기업을 경영할 때 직원들의 생계에 눈감지 않고, 그들을
길거리로 내치지 않기 위해 노력했다. 경제부시장 시절 대우의 부
천공장을 살리기 위해 동분서주한 것도, 경제통상대사 시절 오리
온전기 제3자 인수에 힘을 기울인 것도 그 기업을 기반으로 먹고
사는 수많은 근로자들의 생계를 염려해서였다. 국회의원이 된 지
금도 나는 국민들과 인천 주민들을 위해 사회안전 시스템의 구축
과 사회적 약자에 대한 지원에 무엇보다 힘을 쏟아왔다.

내가 《세상의 중심을 꿈꾸다》라는 칼럼집을 내고 그에 대한 출
판 수익금 전체를 사회복지공동모금회에 기탁했던 것은 이러한
내 신념을 행동화하는 하나의 작은 실천이었다. 그 수익금은 난치
병 어린이 치료에 쓰여졌고, 나는 이를 계기로 아너소사이어티에
가입, 1억 원 기부를 약정하여 정치인으로서는 처음으로 거액 기
부자가 되었다. 우리 정치권에도 기부 문화가 확실히 정착되어 사

2010년, 인천시 동구 적십자사가 주관한 경로행사에서.

회적 책임을 외면하지 않았으면 하는 바람이다.

더불어 정치인들은 사생활에서도 큰 책임이 요구된다. 부동산 투기나 탈세로 떳떳하지 않은 재산을 축적하고, 자식들의 교육이나 군대 문제에서도 철저한 투명성을 갖지 못하면서 국민들의 세금으로 월급을 받아서는 안 되는 것이다. 공직자에게는 일반 국민들에게보다 더 큰 청렴함과 투명성이 요구된다. 그런 책임을 외면하면서 국회의원의 특권을 주장할 수는 없다.

나는 이 사회의 힘없는 이들을 위해 일하는 국회의원이고 싶다.

내가 소외된 도서지역 주민들을 끊임없이 살피는 것이나, 사회 소외계층을 찾아 그들의 애로사항을 듣고 위로하는 자리를 마련하는 것은, 그것이 이 나라의 국회의원으로서 나의 책임이라고 생각하기 때문이다.

독거노인이나 장애우, 난치병환자들과 같이 이 사회에서 소외받는 이들을 돌보는 것이 우리의 책임이다. 그들에 대한 관심을 끊임없이 환기시키는 것이 국회의원의 역할이라고 생각한다. 더불어 재래시장의 영세 상인들이나 전국의 가난한 농어촌 주민들

인천 상인들의 생계를 보살피는 것도 지역구에서 꼭 해야 할 일이다.
전통시장을 살리는 길은 서민경제를 살리는 길이다.
2010년, 인천 중구 연안부두 인천종합어시장에서.

에 대한 지원도 계속 확대되어야 한다.

　물론 경제인이나 지식인 등 다른 사회적 리더들도 그 책임이 막중하지만, 국회의원에게는 더 막중한 책임이 있다. 나는 국회의원으로서 하나의 정책을 입안할 때도 사회적 약자의 삶이 개선되는 방향으로 초점을 둔다. 내가 몸담고 있는 지역에서부터 시작하여 온 국민에게 그 혜택이 충분히 미치도록, 나는 앞으로도 이 사회의 약자를 위한 정책들을 꾸준히 확대해갈 생각이다.

독거노인을 위한 무료급식 봉사활동에 나서다.

척박한 삶 속에서 일군 富…
나눔은 먹고 자는 일상이다

2012-01-26

아너소사이어티 92人의 기부
"기부 통해 사회적 통합 꿈…
나를 보며 아이들이 배우고
나눔의 선순환 이루고파"

그들이 말하는 기부의 미학
"목마르면 시냇물을 마시듯
돈은 필요한 사람에게 쓰여야
부의 환원은 제6의 의무"

이들은 재벌 2세가 아니다. 우리들 틈에 섞여 사는 장삼이사(張三李四)이다. 척박한 삶을 치열하게 개척해 가고 있는 우리 이웃이다. 오히려 지독한 가난을 겪으며 사회의 도움을 더 받은 사람들이다.

이들은 사회복지공동모금회에 1억원 이상 개인 기부한 '아너소사이어티(Honor Society)' 회원들이다. 이들은 한목소리로 말한다. "내가 아니면 누가 나서겠느냐"고. 기부를 '행복한 의무'라고 말하는 데 한 치 망설임이 없다.

물질만능주의를 넘어 '전염성 탐욕(Infectious Greed)'으로 병들어 있는 이 시대를 치유할 고순도 백신이다. 건강한 부(富)의 재정립 차원에서 헤럴드경제가 2012년 신년 어젠다로 풀어나가려는 '신(新)리세스 오블리주(Richess Oblige)'의 전범(典範)이라 아니할 수 없다. 이들과 동시대를 살고 숨쉬고 있다는 건 우리 모두에게 자랑스러운 영예(honor)이다.

▶ 나누며 사는 그들의 소박한 이유=기부를 생활화해 온, 그래서 숨쉬며, 먹고, 자는 것만큼 기부가 일상이 된 이들에게 어리석은 질문을 던져봤다, "왜 기부를 하느냐"고. 우문현답(愚問賢答)이 돌아왔다.

진태준(71) 전 대진공업 대표는 "어려운 사람을 돕는 게 인지상정 아니냐"고 답했다. 박점식(57) 천지세무법인 회장은 "기부천사들을 보면서 내가 빚진 것 같은 느낌이 들었다"고 말했다. 조성호(52) 신진파워테크 대표는 "불교 용어로 '보시(布施)', 널리 베풀고 싶은 순수한 마음이 있었다"고, 김일섭(66) 한국형경영연구원장은 "불공평하게 부가 분배되는 현실에서 사회 환원을 생각하지 않을 수 없다"고 했다.

소통과 화합, 공존공생의 의지도 있었다. 법무법인 서광의 김영갑(56) 대표변호사는 "소외된 이들을 도와주면 덜 외롭지 않을까 생각했다. 사회가 무시하지 않고 관심과 도움을 주고 있다는 연대의식을 보여주고 싶다"고 강조했다. 세 살 때 장애인이 된 류종춘(66) 한국장애인고용안정협회 부회장도 "기부를 통해 사회적 통합을 이룰 수 있다고 믿는다. 내가 먼저 나눔의 고리를 만들면 그 뒤를 이어 나눔을 실천하는 선순환의 고리가 만들어질 것"이라고 전했다.

장덕흠(48) 신진씨엔테크 대표는 "나를 통해 우리집 아이들을 비롯한 후세들이 보고, 느끼고, 배워 기부를 실천하는 문화를 만들었으면 하는 마음에서"라고 말했다. 이층희(57) 에트로 대표는 "선생님인 아버지께 기부를 배웠다. 우리도 먹고 살기 어려웠는데 이웃에 나눔을 실천했던 모습을 보며 자랐다"고 밝혔다.

기부를 통해 오히려 본인이 행복하다고 이들은 말한다. 오청(46) 신선설농탕 대표는 "국방, 근로, 납세 등 국민의 5대 의무

가 있지만 기부는 제6의, 또 다른 행복한 의무"라고 말했고, 전
광무극장 대표인 구재서(83) 씨는 "기부를 한 뒤의 기분은 등산
해서 올라선 산 정상에서 느끼는 뿌듯함과 같다"고 전했다.

이너소사이어티 회원들86(가운데).

▶ 나눔의 도화선은 주변에 있었다=이들의 거부할 수 없는 기부 본능에 불을 지핀 도화선은 멀지 않은 일상에 있었다. 오청 대표는 가족처럼 지내는 직원들로부터 영감을 얻었다. 오 대표는 "직원들을 대상으로 새로운 사업 아이템에 대한 설문조사를 했는데 많은 이들이 사회사업을 꼽았다. 형편이 좋지 못한 직원들이 나눔에 관심을 드러내 자극을 받았다"고 회고했다.

굴곡진 삶 자체가 계기가 된 이도 있다. 구재서 씨는 "농촌에서 자라며 힘든 시기를 보냈고 6·25를 겪으면서 이만큼 살 수 있었던 것이 주변에서 도움을 주신 분들 덕분이란 생각을 갖고 살아왔다. 우연히 기회가 닿아 보답하자는 마음으로 나눔을 실천하게 됐다"고 말했다.

김영갑 변호사는 높은 자살률에 자극을 받았다. 그는 "우리나라가 OECD 국가 중 자살률 1위란 사실을 접하고 충격을 받았다"며 "이는 경제적 혜택을 골고루 받지 못하는 것이 원인이 아닐까 생각했고 변호사를 개업하며 상대적으로 여유가 생겨 본격적인 기부에 나섰다"고 답했다.

명심보감에 나오는 '어진 아내는 남편을 귀하게 만든다(현부 영부귀 · 賢婦 令夫貴)'는 격언처럼 이충희 대표는 "집사람이 재활원에서 장애인들 목욕시켜주고 김치 담가주는 봉사활동을 했는데 '당신은 몸으로 봉사를 안하니 돈으로 봉사하라'고 권유했다"며 공을 부인에게 돌렸다.

▶ 어두운 바다를 비추는 등대처럼=이들은 한결같이 "가진 사람의 덜 가진 사람을 위한 기부는 당연한 것"이라고 강조했다. 적으면 적은 대로, 많으면 많은 대로 나누는 것, 그 이상도, 그 이하의 이유도 없었다. 장덕흠 대표는 "나눔을 통해 어려운 처지의 사람들에게 도움을 줘야 한다고 믿는다"고 강조했고, 조성호 대표는 "돈은 물과 같아서 누구나 목이 마르면 시냇물을 떠 마시듯 그렇게 쓰여야 한다"고 말했다. 김일섭 원장은 "쏠리는 부를 사회에 환원시키는 건 가진 자들이 시장경제에서 가져야 할 시스템적인 의무다. '도덕적 책무(moral obligation)'를 생각해서라도 사회에 적극 환원해야 한다"고 주장했다.

박점식 회장은 여러 재단을 통해 어린이 재활병원 건립을 돕고 있고, 오청 대표는 다문화가정의 사회적 편견을 없애는

데 나서고 있다. 류종춘 부회장에게는 장애인의 실질적인 소득개선이 과제다. 그는 "기부금이 취업이 안 되는 장애인이나 월급이 10~20만원 정도에 불과한 장애인을 위해 쓰였으면 좋겠다. 2~3가지 장애가 겹친 이들에게도 배분이 잘되길 바란다"고 당부했다.

자활의 자양분이 되길 바라는 이들도 많았다. 이충희 대표는 "단순한 도움이 아니라 교육 등을 통해 스스로 자립할 수 있도록 쓰였으면 좋겠다"고 말했다. 장덕흠 대표는 "어려운 환경의 청소년들이 제3세계 국가의 어려운 사람들을 돕는 봉사활동에 나서게 하는 등 세상을 넓게 볼 수 있는 기회를 주고 싶다"고 밝혔다.

▶ "시작은 있었으나 끝은 없을 것"=과연 이들에게 기부의 끝이 존재할까? 기부에 대한 철학, 기부를 시작한 동기는 있었지만 그들에게 기부의 끝은 보이지 않았다.

구재서 씨는 "생활비 정도를 제외한 나머지는 기부할 것이다. 힘 닿는 데까지 나눌 것이고 그 마음은 변함이 없다"고 말했고 조성호 대표는 "나눔은 삶의 목표다. 지속적으로 나눔을

행할 것"이라고 약속했다. 진태준 씨는 "검소하게 살면서 어려운 이들을 돕겠다"고 다짐했다. 오청 대표는 "살아있는 한 지속적으로 기부할 것이고 생활 속에서 즐겁게 나누며 살아가는 의미의 '생애기부'를 이어갈 것"이라고 말했다.

본받고 싶은 기부의 롤모델로 여러 선지자들이 꼽혔다. 김일섭 원장은 "따라갈 수 없지만, 유일한 박사는 기업하는 이유를 교육이라고 말했다. 전 재산을 사회에 환원하셨는데 이런 분을 닮고 싶다"고 말했다.

'100리 안에 굶어죽는 사람이 없게 하라'는 가훈으로 유명한 경주 최부잣집은 많은 이들이 롤모델로 꼽았고 세계적인 기부자로 유명한 빌 게이츠도 거론됐다. 본인도 어려운데 더 어려운 이웃을 위해 재산을 기부하는 무명의 기부자들도 닮고 싶은 분으로 꼽혔다. 재벌들의 기부 또한 순수성을 의심하지만 말고 칭찬해줘 더 북돋워줘야 한다는 의견도 있었다.

〈류정일 · 문영규 기자〉 /ryus@heraldcorp.com

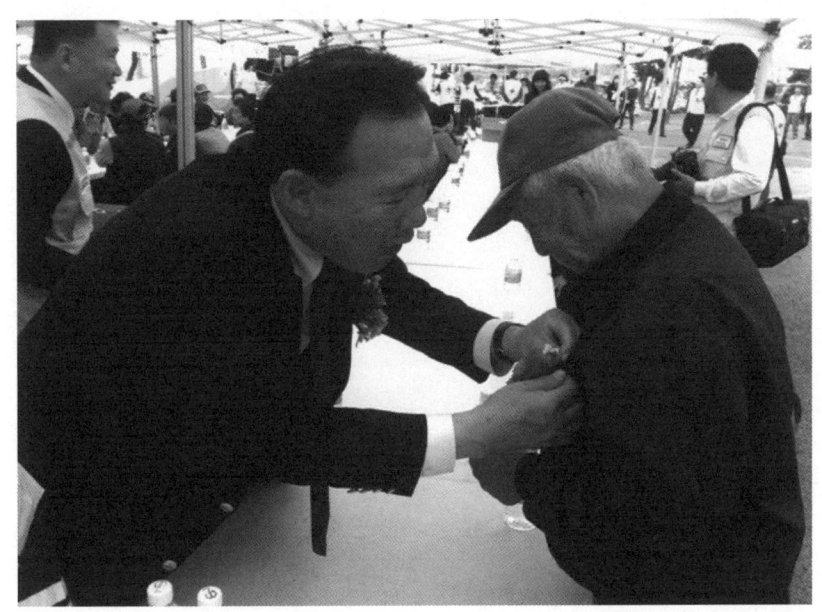

노인잔치에 참석해 지역 어르신께 카네이션을 달아드리고 있다.

CHAPTER 02

박 상 은 과

함　 께　 한

인천의 발자취

나는 인천을 위해

전 세계를 날아다녔고,

그렇게 흘린 땀이 나를 평가해

줄 것이라 믿었다.

1. 인천을 세계 경제도시로

세계 기업을 인천에 유치하다

내가 인천을 위해 본격적으로 일하기 시작한 것은 인천시에서 부시장으로 와달라는 제의가 들어온 2000년부터다. 그때 내 나이 오십을 넘기고 있었다. 지천명이라는 나이, 오십. 나는 이 시기를 내 인생의 전환점으로 생각한다. 오십 이전까지는 가족과 나 자신을 위해 살고, 오십 이후부터는 국가와 지역사회 발전을 위해 일하겠다 다짐하고 살아왔기 때문이다. 공자는 나이 오십에 하늘의 명을 알았다고 하는데, 나 또한 대한민국 국민으로서 나의 소명에 대해 생각할 나이가 된 것이다.

기업인 출신으로서 인천 경제 발전이라는 막중한 임무를 띠고 정무부시장으로 취임하게 된 나는, 인천을 더욱 활력 있는 도시로 만드는 데 가장 큰 역점을 두고 외자유치와 경제자유구역 사업 등

을 추진했다. 인천이 서울의 위성도시로 전락하지 않기 위해서는
인천 자체의 생산성이 재고되어야 하고, 더 많은 기업의 유치가
절대적으로 필요했다. 그것은 곧 일자리 창출로 이어져 침체된 도
시 분위기에 새로운 활력을 제공해줄 것이었다.

인천시 경제부시장 시절, 인천 송도국제도시 200억 투자유치 협상 당시 송도
국제도시계발, Stan Gale 송도자유도시 회장, Jhon Uynes 사장과 함께(2001년).

나는 먼저 외국인 투자유치협의회와 자문단을 구성하고, '인천
광역시 외국인 투자유치 지원에 관한 조례'를 제정하여 내부적으
로 법제도를 마련한 후, 인천을 세일즈하기 위해 본격적으로 거리
로 나섰다. 사절단을 구성하여 미국으로 날아가 시카고 등 4개 도
시를 돌며 투자 유망 기업을 방문했다. 내 가방 속엔 당시 인천에
서 추진하고 있던 송도 테크노밸리 홍보책자가 들어 있었다.

원래 송도 테크노파크는 인천시와 산업자원부가 공동으로 조성하여 첨단과학산업 벤처기업을 유치하려 했던 예정 부지였다. 그런데 어느 누구도 어디서부터 어떻게 시작해야 할지 모르고 있는 것 같았다. 나는 무슨 일이든 직접 달려가서 팔을 걷어붙이고 대화하지 않으면 직성이 풀리지 않는 성격이다. 사실 그것만큼 확실한 방법도 없다. 그래서 홍보책자 하나 들고 무작정 미국 기업들을 방문했던 것이다.

2001년 5월 7일부터 16일까지, 열흘 동안 직접 홍보에 나선 결과 미국 게일 앤 웬트워스(G&W)사의 투자유치를 따낼 수 있었다. 이는 60억 달러(한화 약 7조 5천억 원) 규모의 국제업무단지를 조성하는 대형 프로젝트였다.

또 세계적인 에이즈 백신개발 회사인 미국 백스젠(VAXGEN)의 투자를 얻어냈다. 싱가포르로의 투자가 거의 확정된 상태에서 우리나라로 투자를 유치해낸 것은 커다란 성과였다. 백스젠은 세계 첫 에이즈 백신 생산기지로 한국을 선택했고, 합작회사 '셀트리온'을 설립하기로 했다. 이로써 인천에 대규모 백신 생산시설이 들어서게 된 것이다. 4공구 3만 평 부지에 약 1억 5천만 달러가 투자될 예정이었다. 규모만 보면 G&W에 비해 작은 수준으로 보이지만, 백스젠의 유치는 대단히 중요한 의미를 갖는 것이다.

국내 처음으로 동물세포 대량 배양 전문기업이 탄생함으로써 발효 산업에 이어 세포배양 산업에서도 세계적인 경쟁력을 확보한 것이며, 송도가 아시아 생명기술 산업 분야의 전문 생산기지로 떠오를 수 있는 계기를 마련한 것이기 때문이다. 백신 생산시설과 연구시설이 완성되면 유전공학 및 생명공학 분야의 석박사급 연구진만 450명 이상의 인력이 바로 투입되어야 했다. 그렇게 되면 인천 송도는 우리나라 생명공학의 메카로 자리매김하게 되는 것이다.

담보 상태를 면치 못하고 있던 송도 테크노파크 사업은 그렇게 점점 틀을 잡아갔다. 송도국제도시는 이후 2003년 '경제자유구역'으로 지정되었으며, 현재는 국내외 기업으로부터 기업하기 좋은 도시로 평가받고 있다. 오늘날의 송도국제도시를 만들기 위해 인천 부시장으로서 동분서주하며 땀 흘리던 그때를 생각하면 감회가 남다르다.

나는 남항에 싱가폴 PSA와 삼성이 합작한 4만 톤급 컨테이너항만 건설을 위한 신규투자를 유치했다. 이것은 항만 하나 건설하는 정도의 일이 아니라, 인천을 세계 물류의 중심으로 만드는 초석을 닦는 사업이었다. 인천의 가장 큰 메리트는 항구도시라는 점이다. 그 정체성을 생각하지 않고는 인천의 산업을 발전시킬 수 없다. PSA는 세계에서 손꼽히는 해운항만 기업으로, 세계 해운 물동량의 상당 부분이 이 PSA의 전용 항만을 통해 이루어진다. 인천에

PSA 항만이 들어선다는 것은, 인천을 중간 기착지로 이용하는 선박과 화물의 수가 기하급수적으로 증가될 수 있음을 의미하는 것이었다.

중국과의 경제협력

나는 꽤 오래전인 1980년대 중반부터 중국과의 교역, 나아가 북한과의 교류에 늘 관심을 가져왔다. 당시 우리와 외교관계를 맺지 않아 중국을 드나드는 것이 불가능한 때였음에도 불구하고, 나는 홍콩으로 우회해서라도 중국 시장을 계속 두드렸다. 13억 인구라는 방대한 시장을 곁에 두고 가만히 있을 수가 없었다. 간접거래 형태로나마 조금씩 물꼬가 트이기 시작했을 때, 나는 중국이 잠자는 곰이 아니라 꿈틀거리는 용임을 직감했다. 따라서 서둘러 중국 진출을 준비해야 한다고 역설했다. 게다가 중국에 진출한다는 것은 통일에 가까이 갈 수 있는 탄탄한 교두보를 놓는 일이라 생각했다.

인천시는 남북평화의 거점 도시가 되겠다는 장기적인 비전을 갖고 있었고, 내가 인천 부시장으로 재임하고 있을 때 중국의 단둥(丹東)은 인천시와 자매결연을 맺고 있었다. 당시 단둥은 중국이 경제특구로 지정하여 개발하고, 자유주의 국가의 문물을 받아들이는 전초기지로 삼은 도시였다. 나는 평소의 소신에 따라 중국과의 적극적인 교류를 시도하기 시작했다.

단둥은 자매도시인 우리 인천의 기업들이 단둥 공단에 입주해 주기를 바라고 있었다. 나는 입주를 희망하는 경제인 사절단을 대동하고 단둥을 방문했다. 여러 가지 입주 조건을 조사하고 협의해 보니, 우리 기업들로서는 저임금의 풍부한 노동력이 있고 수도·전기 등 제반 여건이 모두 갖추어져 있는 단둥 공단을 거부할 이유가 없었다. 더구나 북한의 신의주와 묶어 경제특구로 개발될 가능성이 매우 컸기 때문에, 향후 북한과의 활발한 교류도 충분히 기대할 수 있는 일이었다.

당초에 인천시가 약속한 공단 15만 평을 다 팔았다. 우리 기업들의 단둥공업단지 진출이 신의주와 주변 조선족들에게 희망의 메신저가 되기를 기대하며, 나는 단둥뿐 아니라 중국의 연안도시들에 직항로 및 항만해운 등 항로의 개설 또는 증편 방안도 강구했다.

인천으로 가서 내가 처음으로 한 일은, 우리나라 제일의 항구도시 인천이 기업하기 좋은 도시임을, 동북아 물류의 중심이 될 것임을 세계에 알린 것이다.

나는 인천도 하나의 기업으로 다시 태어나야 한다고 믿었다. 인천이 기업이기를 거부한다면 인천은 결국 과거 속의 도시가 되어 버릴 것이다. 나는 인천을 위해 전 세계를 날아다녔고, 그렇게 흘린 땀이 나를 평가해줄 것이라 믿었다.

2. GM 유치를 성공시키다

대우의 위기는 곧 인천 경제의 위기

한국 재계 서열 2위 그룹이었던 대우그룹이 해체된 것이 1999년 7월의 일이었다. 대우의 주력사업이던 대우자동차가 세계 10대 자동차업체 중 하나였던 점을 생각하면, 대우의 와해는 우리 국가에도 적지 않은 타격일 수밖에 없었다.

대우자동차의 주요 생산공장을 부평에 두고 있던 인천시는 대우 사태를 예의 주시했다. 인천에서 대우자동차는 제조업 분야에서 고용 기준으로 11.2%, 매출액 기준으로 18.4%를 차지할 만큼 큰 비중을 차지할 뿐 아니라, 자동차 부품 및 소재 관련 중소기업을 발전시키는 원동력이었기 때문이다. 대우자동차 공장이 무너지면 지역주민들의 삶이 큰 타격을 받을 수밖에 없었다.

포드의 대우차 인수가 무산되면서 문제가 장기화될 조짐이 보였다. 2000년 11월, 인천시에 대우차 살리기 대책상황실이 설치되고 나는 그 본부장을 맡았다. 나는 우선 대우차 협력업체의 동향을 파악했다. 그리고 문제가 장기화될 것에 대비하여, 협력업체에 대한 지원책으로 1차로 250억 원 규모의 경영안정자금을 지원하기로 했다. 고용과 납품업체의 협력관계가 확고히 보장되고, 부평 공장 가동이 절대적으로 유지되는 방향에서 문제를 해결할 생각이었다.

이어서 각 기관의 대우자동차 지원 방안을 점검토록 했다. 다행히 인천 지역 경제 관련 기관과 단체들이 적극적으로 지원에 나서 주었다. 협력업체에 대한 지원금을 확대하고, 상환기간을 연장해주는 등 다양한 방법으로 대우 살리기에 힘을 보탰다. 인천지방 중소기업청, 인천신용보증기금은 물론 한전 인천지사도 전기료 납부일을 연장해주거나 공장 가동에 차질이 없도록 안정적인 전기공급을 약속하는 등의 지원사격에 나섰다.

다음으로는 순식간에 직장을 잃은 근로자들에 대한 대책 마련이 시급했다. 나는 취업상황실을 설치하고, 인천노동청 및 중소기업청 등과 함께 대우차 실직 근로자들을 인천국제공항 등에 취업 알선하는 등 실업자 지원에 나섰다. 인천지방 노동청은 3개월 이상 임금이 체불된 근로자에게 1인당 50만 원의 생활안정자금을 지원하기로 약속했다.

대우차 살리기 운동과 실직자 희망센터

대우 사태는 2000년이 저물어가는데도 끝날 기미가 보이지 않았다. 대우차를 살리고 지역경제를 살리기 위해서는 언제까지고 지원 정책으로만 일관할 수는 없었다. 대우자동차가 스스로 살아나는 것이 경제논리에도 맞고, 보다 장기적인 대책이 될 것이었다. 대우차 회생의 원동력은 오직 판매였다.

이에 인천시는 상징적으로 시장 관용차를 대우차로 교체하고, 14억 원의 예산을 확보해 시내버스 중 낡은 차량을 폐차하고 대우차를 구입할 경우 1천만 원의 보조금을 지원하기로 결정했다.

나는 12월 27일 부평역에서 '대우차 살리기 범시민운동'을 벌이는 것을 신호탄으로, 연초부터 전국을 돌며 다시 세일즈에 나서기로 작정했다. 이번에는 자동차 세일즈였다. 전국 시·도를 방문하여 정부 및 지방단체의 대우차 구매 운동을 벌인 것이다. 여기에는 내가 몸담았던 대한제당도 적극적으로 협조해주었다. 출퇴근 버스와 임직원 승용차를 교체할 경우 대우차를 구입하여 대우차 살리기에 동참하기로 결정해준 것이다.

이듬해 4월에는 서울, 인천, 경기도의 3개 시·도 정무부시장들이 여의도에서 모임을 갖고 대우차 사주기 운동 캠페인을 공동으로 추진하기로 합의했다. 유동인구가 많은 서울역과 수원역, 인천 부평역으로 각각 출동하여 동시다발적으로 캠페인을 벌이는 것이었다. 나는 수원역을 맡았다. 수원역 거리 한복판에서 홍보 자료를 나눠주며, "대우차 회생의 원동력은 오직 판매입니다!"를 목이 터지게 외쳤다.

조달청에서는 인천공항 입주기관의 출퇴근용 차량 50대를 대우차로 구입했고, 중앙선관위 역시 30대 가량의 버스를 대우차로 구입했다. 당시 대우차 관계자의 말로는, 이런 홍보 캠페인이 실제 판매로 이어져 내수시장에 탄력이 붙기 시작했다고 한다. 또 직원들도 힘을 받아 점점 자신감을 되찾아가고 있다며 기뻐했다.

한편 나는 실직자들을 위한 희망센터 운영위원회를 맡게 되었는데, 희망센터는 실직 근로자들의 고통을 최소화하고 신속한 재취업을 지원하기 위한 곳이었다. 정리해고자 1,750명을 포함한 퇴직자 6,800명을 대상으로 6개월간 구직자들의 재취업 컨설팅이나 특별직업훈련, 취업 및 창업 알선, 실업급여 안내 등의 서비스를 제공했다. 이런 일련의 대우자동차 살리기 운동은 시민들의 고통을 함께 나누고 지역경제를 살리는 데 이바지했다는 점에서 매우 뜻 깊은 일이었다.

GM의 부평공장 인수를 적극 추진하다

그러나 이런 필사적인 노력에도 불구하고 대우 자동차 매각은 불가피한 것이었다. 대우의 수많은 협력업체와 근로자들이 살 수 있는 방법은 조속히 회사를 매각하여 필요한 자금을 수혈하고 경영을 정상화하는 길밖에 없었다.

이때 GM이 대우차를 인수하겠다고 나섰다. 지역경제를 위해서도 환영할 만한 일이었다. 그러나 GM은 인천의 부평공장을 제외한 군산과 창원공장만 인수하겠다는 입장을 내놓았다. 이로써 대우차 매각협상에서 부평공장 인수는 최대 쟁점이 되었다.

부평공장은 시설이 낡고 생산성이 낮아 공장가동률이 40% 수준에 불과했다. 정상적인 자동차공장의 가동률이 80%인 점을 감안할 때 매우 낮은 수준이었다.

또 창원공장의 전 해 영업이익이 62억 원, 군산공장이 263억 원인 데 비해 부평공장은 무려 5,264억 원의 적자를 내고 있었다. GM측은 현대적 설비를 갖춘 수익성 있는 대우차 공장만 선별적으로 인수하고, 시설이 노후되고 강성노조가 버티고 있는 부평공장은 매입하지 않겠다는 입장을 분명히 했다.

하지만 부평공장이 해체되면 많은 인천 주민들이 삶의 터전을 잃게 되는 것이었다. 우리로서는 절대로 받아들일 수 없는 제안이었다. 대우차 부평공장이 인천 지역에서 생산이나 고용 측면에서 차지하는 비중은 그야말로 막대했다. 나는 부평공장을 반드시 매각대상에 포함시키겠다는 의지를 분명히 하고, 필요하다면 등록세와 취득세를 대폭 감면해주는 세제지원을 제공하겠다고 제안했다. 또한 부평공장의 인천 송도 부지 이전 등을 허용하는 유인책도 검토하고 있음을 밝혔다.

그러나 GM은 3차 협상에 이르도록 일관되게 부평공장 인수를 거부했다. 만일 그 조건 그대로 GM에 매각된다면 부평공장은 시한부로 운영되다 완전 폐쇄의 길로 가거나, 제3의 업체에 흡수되거나 하는 방법밖에 없었다.

중앙정부는 GM측의 끈질긴 요구에 못 이겨 부평공장을 제외한 채 분리매각 결정을 내리려는 듯했다. 그러나 대우차 매각은 지역주민들의 생계와 곧바로 연결된다는 점에서 여러 변수를 고려해야 하는 일이었다. 우리 인천시는 분리매각에 강력히 반대하고 끝까지 일괄매각을 고수했다. 나는 대우차 매각대상에서 부평공장이 제외되면 인천·부평 지역 경제에 심각한 악영향을 미칠 것이라고 피력했다.

그렇게 1년을 끌어오던 대우자동차 매각 협상은 2001년 9월에서야 종결되었고 부평공장은 GM과 장기생산계약을 맺었다. 비록 우리 기업이 외국자본에 헐값에 넘어간 것은 매우 아쉬웠지만, 부평공장 폐쇄라는 최악의 상황을 막아냈다는 점은 의미가 컸다. 이로써 많은 인천 주민이 생계의 터전을 잃지 않고 자신의 자리를 지킬 수 있게 되었다.

3. 서민 살리기에 뛰어들다

자영업자의 위기

내가 인천을 팔겠다고 밖으로만 돌아다닌 것은 아니었다. 인천을 살기 좋은 곳으로 만들기 위해서는 지역 서민들의 삶을 개선하는 것도 중요한 문제였다. 물론 큰 기업의 유치가 지역 주민들의 일자리 창출에 도움이 된다고 하지만, 여전히 작은 가게에 생계를 매달고 살아가는 서민들이 적지 않다는 점을 생각하면, 소규모 자영업과 재래시장이 대기업에 잠식되어 서민들이 삶의 터전을 잃어버리는 상황을 묵과할 수는 없었다.

내가 정무부시장으로 있을 때는, IMF 이후 기업들의 연이은 도산과 구조조정으로 자영업 시장으로 내몰린 고용이탈자의 수가 무려 600만 명에 이르고 있었다. 나는 가끔 시장 경기나 서민들의 분위기를 살피기 위해 포장마차에 들르곤 했다. 본래 비싼 술집보다는 포장마차의 편안한 분위기에서 동료들과 소주 한잔 기울이는 것을 즐기던 나였다. 포장마차에 가면 오늘을 열심히 살아가는 사람들의 온기를 느끼며 일종의 안도감마저 느껴졌다.

그러나 IMF를 겪어낸 서민들의 모습에서는 과거 포장마차의 편안하고 따뜻한 분위기를 읽을 수 없었다. 어쩌다 주인에게 "요즘 장사 잘 되십니까?" 하고 인사를 건네면 하나같이 "잘되긴요. 죽을 지경입니다." 하는 냉소적인 대답만 돌아왔다.

포장마차 주인과 술잔을 주거니 받거니 이야기를 나눠보면, 그들은 길거리에 장사를 벌여놓은 고충을 털어놓곤 했다.

"요즘은 손님이 없어요, 손님이. 손님은 줄었는데 저마다 먹고 살겠다고 거리 가득 좌판을 벌이니 도대체 뭐가 되겠습니까?"

그가 가리키는 쪽을 보면 정말 노점상이 많이 늘어나 있었다. 거의가 시장 안에 점포를 갖고 있던 사람들인데, 재래시장 같은 데선 아예 손님이 없어 열 평이고 스무 평이고 자기 가게 문은 닫아버린 채 이렇게 밖으로 나와 장사를 하는 것이라 했다.

신포시장 살리기

나는 인천 중구의 재래시장 '신포시장'을 떠올렸다. 재래시장은 바로 서민들의 삶의 현장이자 지역의 고유한 문화가 살아 있는 곳이다. 그러나 재래시장을 살리겠다고, 유통구조가 점점 대형화되어가는 거대한 흐름을 막을 수는 없다. 소비자들이 편리한 대형마트나 백화점을 선호하는 유통구조의 변화 앞에서 "재래시장을 이용합시다!" 하는 플래카드나 내걸고 캠페인을 벌이는 것이 무슨 소용인가. 그 지역의 특성과 재래시장이 갖고 있는 문화적인 특성을 바탕으로 시대 조류에 맞게 변화해가야 하는 것이다. 물론 힘이 부족한 부분이 있을 수밖에 없지만, 이 부분은 지방정부가 메워줄 수 있다고 생각했다. 나는 신포시장 활성화를 위한 특별대책을 세웠다. 일종의 특화대책팀을 구성하여 시 공무원들에게 과제를 주고 연구결과를 보고하도록 했다. 우선 중국 보따리상의 현황과 생태 등 그들의 모든 것을 조사하게 했다. 또 부산 완월동과 서울의 남대문시장, 동대문시장을 각각 조사하고 인천의 화교상들에 대해서도 실태조사를 지시했다.

　재래시장 활성화를 위해 중국 관광객과 화교를 주목한 것은, 인천항과 중국의 인접 7대 도시와의 활발한 교류가 이미 가시화되고 있었기 때문이다. 중구는 과거 화교촌으로 유명한 곳이고, 따라서 인천 중구를 관광 특구화하는 것이 가능하다고 보았다. 이를테면 내외국인 관광객이 와서 즐길 수 있는 볼거리, 먹거리, 살거리가 풍부한 문화의 거리를 만드는 것이다. 이를 위해 주차장을 완비하고, 우산 없이 언제나 쇼핑을 즐길 수 있는 현대화된 상가시설 정비 등 상점의 구조개선이 필요했다. 모든 것이 내 고향 인천을 살리는 일이라 생각하고, 나는 신포시장 살리기에 매진했다.

정무부시장 시절은 인천의 미래와 발전을 위해 소명의식을 갖고 최선을 다한 때다. 그것은 인천시와 인천시민을 위해 일하겠다고 마음먹은 순간부터 나에게는 소명이고, 임무였다. 나는 그 임무를 착실히 수행하며 내 삶의 보람을 찾아갔다.

지금 내 지구당 사무실은 '신포 패션문화의 거리' 앞에 위치해 있다. 서민들과 가장 가까이 있어야 한다는 평소의 신념 때문이다. 지금 신포 패션문화의 거리에는 중국인 관광객들의 발길이 끊이지 않는다. 걷기 편한 거리가 조성되어 많은 인천인과 외국인이 이곳을 찾고, 시장 상인들도 웃을 날이 많아졌다.

내가 태어나서 인천을 처음 본 것은 초등학교 4학년 때였다. 열 살 섬 소년 눈에 비친 인천의 첫인상은 정말 대단했다. 태어나서 그렇게 많은 사람과 자동차를 본 것은 처음이었다. 너무나도 많은 사람들에 놀란 나는 삼촌한테 오늘이 장날이냐고 물어봤다. 그런 어처구니없는 질문으로 집안에서 한동안 놀림감이 됐었다. 그런 인천에 대해 나는 남다른 애정을 가질 수밖에 없다. 그렇게 어린 시절 동경의 장소였던 인천을 동북아의 중심 도시로 부상시키는 데 내가 한 몫을 할 수 있다는 것에 커다란 자부심을 갖고 있다.

4. 국회의원 박상은, 인천을 더 살기 좋은 곳으로

　나는 2008년 인천 중구·동구·옹진군 18대 국회의원으로 당선되면서 진정한 '인천 지킴이'가 되었다. 4년의 임기 동안 나는 인천을 더 살기 좋은 곳으로 만들기 위해 최선을 다했다. 그런 나의 노력을 주민들이 알아주었던지, 19대에 또다시 같은 지역으로 재선되는 영광을 누렸다. 이제 국회의원으로서 내가 인천을 위해 한 일을 기록해보려 한다. 그러나 내가 했던 그 일들을 여기에 모두 옮기지는 못할 것이다. 국회의원의 업무라는 것이 기록을 하다 보면, 이해하기 어려운 법 이름의 나열이나 정부를 설득하기 위한 지난한 작업에 대한 지루한 설명이 되어버릴 것이기 때문이다. 따라서 여기서 대표적인 몇 가지 성과만을 이야기하고, 내가 구상하고 있는 인천의 비전에 대해 말하고자 한다.

인천공항고속도로 문제

그 첫 번째는 인천공항고속도로 문제였다. 2008년 국정감사에서 나는 인천공항고속도로의 고가 통행료 문제를 집중적으로 파고들었다. 공항고속도로는 애초에 민자유치 사업으로 시행되면서 고가의 통행료 문제가 충분히 예견되어 있었다. 애초에 현실성 없는 통계추정에 기초해 수립된 계획은 당연히 차질을 빚을 수밖에 없다.

자가용으로 왕복할 경우 14,200원에 달하는 이용료는 제2경인고속도로의 3배, 제1경인고속도로의 9배에 이르는 금액이었다. 대형화물차의 경우 31,400원으로 제2경인도로의 4배였다. 인천국제공항이 동북아의 대표적인 국제공항으로 물류 허브를 자처하고 있는 마당에, 공항에 대한 접근비용이 이렇게 높게 책정되어 있다는 것은 말도 안 되었다.

더 큰 문제는 이런 고가의 이용료 부담에도 불구하고 공항고속도로가 꾸준히 적자를 기록하고 있다는 것이었다. 2001년 개통 이후 연평균 900억 원대의 적자가 누적되고 있었다. 정부는 고속도로 건설 시 총 공사비의 16.3%를 국고에서 충당해주었는데, 여기에 앞으로 더 심해질 것으로 예상되는 누적적자를 정부가 언제까지 보전해주어야 하는지 알 수 없었다. 비효율적으로 운영되는 국가사업에 국민들의 소중한 혈세가 낭비되고 있는 것은 결코 간과할 수 없는 문제였다.

주민과 민간기업과 국가가 모두 손해를 보는 악순환의 고리를 끊고 고속도로 운영을 정상적으로 돌리기 위해서는 국가가 나서서 공항고속도로 운영권을 회수해야 했다. 나는 지금이라도 현실에 기초하여 문제의 원인을 성찰하고 근본적인 대안을 모색하라고 질책했다. 도로 전체를 인수하는 것이 불가하다면 영종대교만이라도 인수해서 지역주민이 인천으로 통행하는 것만이라도 편의를 제공해야 한다고 주장했다. 결국 정부 인수를 적극 검토하겠다는 국토해양부 장관의 대답을 끌어냈다. 여기에는 사전에 장관과 수차례 면담을 하고 실무진들을 만나 끈질기게 대안을 제시하고 설득한 노력이 있었다.

인천 SOC 예산 증액

나의 지역구는 공항과 항만, 공단과 바다로 구성돼 있다. 인천공항과 인천항이 자리 잡고 있는가 하면, 경인고속도로와 경인선 전철도 이곳이 시발점이다. 또 제철·제강 같은 중공업부터 제분·제당 등 소비재까지 제조업 단지도 밀집돼 있다. 한편으로는 어촌과 섬마을도 자리 잡고 있으며 서해 NLL을 놓고 북의 도발 위협이 상존하는 지역이기도 하다.

첫 두 해를 국회 국토해양위원회에서 활동했던 나는 SOC(사회간접자본) 경쟁력 강화에 의정활동의 초점을 맞췄다. 그동안 기초체력이라고 할 수 있는 SOC에 대한 투자가 상대적으로 소홀했던 부분과, 혈세가 낭비됐던 부분들을 바로잡은 것이다. SOC 가운데서도 도로와 항만, 해운산업 육성에 대해선 단순히 문제제기에 그치지 않고 대안을 제시했다. 주로 지하철과 항만 확충 등 시민들과 도서주민들의 이동권 확보에 초점을 맞췄다.

이로써 2009년 인천지역 내 15개 주요 SOC사업 추진예산 중 총 1,458억 9,300만 원을 증액했다. 인천지하철 2호선 건설사업 예산을 580억 원 늘렸으며, 인천~수원간 복선전철 사업도 1,000억 원에서 1,300억 원으로 증액했다. 또 초지대교를 중심으로 김포 방향 나들목에서 인천 도심을 연결할 지방도로 건설과 강화 방면 온수리를 이을 지방도로 건설 사업예산의 국비지원액은 무려 320억 원과 38억 9,300만 원씩 각각 증액했다. 이와 함께 인천신항 준설과 적자에 허덕이는 인천공항철도 활성화 사업 등도 신규 지원사업으로 확정하였다.

인천 주택, 토지 문제

인천은 가장 오래된 구도심이기도 한데, 따라서 재개발과 재건축 문제도 해결해야 할 중요한 사안이다. 공공분양이나 임대주택 등 국민주택은 서민 주거안정과 직결되는 정책사업인 만큼 세심하게 주의를 기울일 필요가 있다.

그런데 2009년 인천의 국민주택 배분율은 전국 광역단체 중 최하위였다. 이에 나는 인천지역에 대한 주택보급을 늘려 잡아야 함을 강력하게 주장하고, 보금자리주택 지역별 보급계획의 재조정을 요청했다.

인천 땅을 인천 주민이 아닌 외지 사람들이 소유한다면 어떤 일이 벌어질까? 그것은 인천 주민들이 삶의 터전을 잃게 된다는 의미다. 청라지구, 루원시티 등 개발 예정지의 땅을 외지인들이 야금야금 사가고 있었다. 인천의 외지인 부동산 매수비율은 2009년 전국에서 최고로 62%에 이르렀다. 외지인이 땅을 사들인다는 것은 투기성 매수가 될 확률이 높다. 그렇게 되면 개발비용이 증가하고 원주민의 재정착률이 낮아지는 등의 부작용이 생긴다.

반면 송도국제도시 등 개발이 상당 부분 진행된 지역에서는 외지인 매수가 서서히 감소하고 있었고, 외국인들도 이 지역의 땅을 팔고 있었다. 당시 외국인이 가장 많이 땅을 판 곳이 인천이었다.

대신 제주에서 가장 활발하게 사들이고 있었다. 외국인들이 공장 용지를 팔고 레저 및 상업 용지를 사들인다는 것은 인천 지역을 넘어 국가적으로도 그리 좋지 않은 신호였다. 나는 이를 주지시키고 정부에 지역경제를 살리는 부동산 대책을 요구했다.

나는 또한 국감에서 경인아라뱃길과 같은 수도권 사업에 인천 지역 업체의 참여가 매우 저조함을 지적했다. 경인아라뱃길 사업은 수도권 물류난 해소와 관광산업 활성화를 위한 사업인데, 정작 해당지역인 인천지역 업체들의 참여는 단 3개에 불과했다. 총사업비 중 인천업체 계약금액은 12.3%밖에 미치지 못했다. 나는 대외적으로 지역경제 활성화를 외치던 수자원공사를 상대로 인천지역 업체 참여를 높이기 위해 어떤 노력을 하고 있는지 비판하고 시정을 요청했다.

three-port + one-airport 정책을 제시하다

나는 2008년 경제분야 대정부질문에서 인천을 동북아 물류 중심으로 부상시키는 구상을 주장한 바 있다. 이를 위한 실천적 대안으로 'three-port + one-airport' 정책으로 바꿀 것을 제안했다. 이는 부산, 광양, 인천의 'three-port'와 인천공항 'one-airport'를 집중적으로 투자하는 '3+1port' 전략이다.

기존에 국토해양부가 가지고 있던 계획은 부산, 광양의 두 항만과 인천공항을 대한민국 물류의 중심축으로 삼아 발전시키겠다는 것이었다. 인천이 이미 기존 인프라를 갖추고 있고 중국과 지리적으로 가까우며 수도권의 제1항만임에도 불구하고 국가적인 항만산업 육성 계획에 인천항이 빠져 있었던 것이다.

물류는 공항, 항만, 철도, 도로가 유기적으로 연결되어 있을 때 원활하게 흘러갈 수 있고 경쟁력도 가질 수 있다. 인천항은 인천공항과 경인고속도로와 연결되어 있으니, 이런 인프라를 적극적으로 활용해야 하는 것이다. 게다가 중국의 동북3성이나 발해만에서는 엄청난 물동량이 발생하고 있었다. 이 수요를 수용하고 우리나라가 동북아 물류허브로서 역할을 하기 위해서는 평택항과 연계해서 인천항의 인프라를 키우고 활용해야 했다. 게다가 인천은 배후에 양질의 경인공업지대가 자리하고 있어 더욱 발전 가능성이 큰 곳이다. 또한 북한과의 경제협력을 생각한다면 더더욱 그러하다.

동북아 지역 내 교역이 지속적으로 성장하여 2015년에는 7,200억 달러 수준으로 확대될 것으로 예상되고, 총 역내교역 실적도 연평균 19.5% 증가 추세에 있었다. 장기적으로는 한일, 한중 FTA 등 동북아 지역 내의 양국간 또는 동북아 3국간 FTA가 체결될 때

역내교역은 대폭 증가할 것으로 예상되는 상황이었다.

전국 항만 가동률의 수치를 보아도, 부산북항이 168.0%, 부산신항이 22.5%, 인천항이 131.2%, 광양항이 44.8%로 인천항이 차지하고 있는 부분이 매우 컸다. 항만뿐만 아니라 모든 SOC 투자는 정치논리가 아닌 경제논리, 시장논리를 따라야 한다. 광양항이나 부산신항, 무안공항, 울진공항 같은 경우는 과잉투자되고 있는 곳이었다. 실제로 시설이 요구되고, 물동량 수요가 발생하는 곳에 투자를 하고 키워야 하며, 특히 수도권과 직접 연결된, 수도권 물류 경쟁력의 근간이 되는 인프라 구축이 반드시 필요하다는 생각이었다.

연안여객선 대중교통화

나는 또한 2008년부터 꾸준히 연안여객선 운임비 보조를 정부에 요청해오고 있다. 김포~제주 간 저가 항공 요금이 왕복 8만 원인데 비해 인천~백령도 간 여객선 운임비는 13만 원에 이른다. 이는 서해로 섬 관광을 떠나려던 가까운 수도권 지역 관광객들마저 돌아서게 만들 만한 비용이다.

연안여객선 운임을 정부가 보조해줄 경우 소요되는 예산은 278

억 원 정도로 예상된다. 연장 2km 정도 되는 연륙교 하나를 놓는
데 들어가는 비용이 2천억에 이르는 점을 감안하면 작은 예산으
로 큰 효과를 낼 수 있는 방안인 것이다. 비도서민이 내항여객선
을 이용하는 운임을 보조해준다면, 섬을 찾는 관광객 수가 대폭
늘 것이고 도서지방 관광 활성화에 큰 기여를 하게 될 것이다.

5. 조선 항만 산업의 발전을 모색하다

해양산업의 발전에 우리의 미래가

우리나라는 조선산업 세계 1위, 해운산업 세계 9위의 해양산업 국가다. 여기에 세계 10위권을 넘나드는 항만산업을 위시해서, 저 멀리 중동·아프리카 연안에까지 나아가 해적 퇴치 활동을 벌이는 대양해군을 보유하고 있는 명실상부한 해양강국이기도 하다.

제조업 생산에 들어가는 원자재와 자원의 97%를 국외에서 수입하고, 수출입 무역의존도가 70%를 넘기고 있음에도 우리 경제가 세계 10위권의 경제규모와 국제경쟁력을 유지하고 있는 바탕에는 바로 이와 같은 해양산업이 자리하고 있다. 그리고 오늘날같이 글로벌 시장경쟁이나 경제위기가 날로 심화되는 상황에서 우리의 해양산업은 국가의 경제성장을 견인하는 원동력이 되고 있다.

일례로 인근의 중국이 세계의 공장이자 시장으로 급성장함에 따라 우리나라 기업들은 제품생산에 필요한 원료와 자재를 멀리 남미와 동남아로부터 중국에 실어다 주고, 또 완성된 제품을 싣고 나와 미주와 유럽으로 운송하면서 세계 경제의 흐름을 원활히 하는 글로벌 물류산업을 주도하고 있다.

우리나라의 성장동력이 약화되고 신성장동력을 찾아야 할 절실한 필요성이 제기되고 있는 지금, 나는 지속가능한 발전을 도모할 수 있는 새로운 성장동력으로서 바다를 주목하고 있다. 그러나 우리나라 해양산업은 그 중요성에 비해 새로운 비전과 실효성 있는 대안을 제시하지 못한 채 답보 상태에 빠져 있는 것이 현실이다.

바다와 경제 국회포럼

우리의 새로운 성장동력으로 삼아야 할 경제자유구역과 해양산업의 활성화를 위해, 나는 국회 차원의 노력과 지원이 필요하다고 판단, 14명의 정회원으로 구성된 '바다와 경제 국회포럼'을 결성하고 공동대표를 맡았다.

해외 경제특구 성공 사례 등 폭넓은 연구와 심도 있는 논의를 통해 효과적인 대안을 제시하고, 관련 중앙부처와의 정책간담회 · 국정감사 · 상임위 활동 등에서 공동 협력해 포럼의 연구 결

김형오 국회의장으로부터 바다와 경제 국회포럼은
2009년 우수 연구단체상을 수상했다.

과를 정책에 반영시키려는 계획이었다. 또 불합리한 관련 법규와
제도를 개선해나가겠다는 포부도 있었다. 경제자유구역의 활성화
와 성공을 위해서는 각종 규제를 대폭 완화해 기업과 외국인 투자
를 촉진할 국회 차원의 입법 지원이 절실했기 때문이다.

현재 '바다와 경제 국회포럼'은 해마다 'Motor Vessel Show'를
개최하는 등, 해양에 대한 국민적인 관심을 고취시키고 우리 국민
들에게 해양마인드를 함양하는 데도 힘을 기울이고 있다. 우리 포
럼은 활발한 정책개발과 입법 활동을 인정받아 김형오 국회의장

으로부터 우수연구단체상을 수상하기도 했다.

바다와 경제 국회포럼 행사인 'Motor Vessel Show' 에서
우리나라 항만, 선박 기술에 대해 이야기를 나누고 있다.

수출 컨테이너선 승선 체험

　2009년 3월에 '바다와 경제 국회포럼' 에서 아주 특별한 기획을
한 적이 있는데, 여기서 다시 한 번 그때의 경험을 소개할까 한다.
'바다와 경제 국회포럼' 은 유사 이래 처음으로 5,600TEU급 컨테
이너선에 승선, 7박 8일간의 항해여정에 동행하면서, 중국 경쟁

컨테이너선 승선 체험은 현장에서 값진 아이디어를
얻어 온 소중한 경험이었다.

항만의 발전현황을 시찰하고 우리나라 해운·항만산업의 육성발
전을 위한 지원 방안을 구상했다. 경쟁 항만으로 부상하고 있는
상해 양산항 등을 방문하여 한중 양국 간의 항만산업의 미래에 대
해 의견을 교환하고, 살아 있는 체험 속에서 반짝이는 정책 아이
디어를 현장에서 곧바로 체득할 수 있을 것이라는 계획이었다.

우리 '바다와 경제 국회포럼'에 소속된 국회의원 다섯 명은 수
출 컨테이너선에 몸을 싣고, 그들의 뱃길을 따라가며 아시아 경쟁
항만들의 발전 상황을 직접 눈으로 보았다. 중국과 홍콩의 해안을
돌며 그들의 항만 시설을 시찰하고, 더불어 그들의 경제특구 운영

우리 연구 포럼은 컨테이너선에 승선하여 동북아 주요 항만의 발전 현황을
시찰했다 (2009년). 좌로부터 유정복, 강길부, 전혜숙, 필자, 장광근 의원.

현황도 살폈다.

2009년 3월 3일 밤, 우리는 부산신항의 대형 컨테이너선에 올라 7박 8일간의 긴 항해를 시작했다. 3일째 되는 날 아침에야 상해 양산항에 입항할 수 있었는데, 상해 양산항은 그 규모나 컨테이너 처리 능력이 새삼 중국의 저력을 느끼게 할 정도로 거대했다. 다음 날에는 양산항과 치열하게 경쟁 중인 닝보항과, 당시 수상도시로 개발 중이던 닝보 시를 시찰했다. 닝보 시는 중국의 중소 규모 도시임에도 불구하고 인구가 600만에 육박했고, 비교적 잘 정돈된 도심지와 시내를 관통하는 3개의 강을 친수공간화하여 시민공원으로 활용하는 등 수상도시의 모델로 개발하고 있는 중이었다.

다음 행선지인 홍콩항으로 이동을 준비하며 우리를 태운 한진 베이징호 승조원들과 간담회도 가졌다. 승조원들은 국회의원 다섯이 컨테이너선에 승선하여 일주일간 체험하는 것은 유사 이래 처음 있는 일이라며, 해운산업이 깊은 불황의 늪에서 허덕이는 이때 6개월간 가족과 떨어져 생활하는 자신들의 고충을 우리에게 털어놓았다. 특히 인상 깊었던 이야기는, 선원에 대한 사회적 인식이 좋지 않아 우리나라 여성들이 선원과의 결혼을 기피하는 현실을 격렬하게 토로하던 젊은 승조원들이었다. 우리는 돌아가는 대로 선원들의 의료보험 적용 문제나 선원 소득 비과세 문제 등 급히 해결해주어야 할 사안들에 대해, 그 자리에서 바로 담당자를

한진베이징호 승조원들과 강길부, 장광근,유정복, 전혜숙 의원과 함께한 7박8일
간의 항해.

지정하고 조속히 처리할 것을 약속했다.

40여 시간의 긴 항해 끝에 홍콩에 도착했다. 연안수로에 지어진
아파트들과, 주강 대개발의 하나로 당시 공사 중이던 마카오로 향
하는 대교를 보고, 홍콩이라는 도시는 역시 바다를 통해 성장한
도시구나 하는 것을 새삼 느낄 수 있었다.

홍콩에 우리를 내려놓은 한진베이징호는 싱가폴을 거쳐 유럽
지중해를 향하는 긴 항해가 예정되어 있었다. 우리는 그들의 무사
항해를 기원하며 선장과 승조원들을 배웅했다.

다음 날 허치슨 터미널로 가서 항만시설을 시찰했는데, 때마침
그곳에 접안 중이던 10만 톤급 세계 최대 호화 크루즈선 '퀸 메리
2호'를 보고 감탄을 금치 못했다. 허치슨 터미널의 경우, 컨테이

너 야드와 별도로 대형 창고건물 내에 컨테이너를 보관 운송하여, 좁은 공간을 효율적으로 운영하고 있는 데 깊은 인상을 받았다.

당시의 해사(海事) 체험을 통해 나는 보고서와 문건에 의존하는 탁상공론이 아닌, 현장과 같이 호흡하면서 현장의 목소리와 노하우를 직접 정책 생산에 반영하는 것이 얼마나 중요하고 필요한 일인지를 다시 한 번 절감했다. 산업현장에서 축적된 정보와 경험, 인맥과 노하우 등을 적극 활용하여 정책입안에 활용하는 것이 생산적인 정책을 만들어내고, 현장과의 교감 속에 실무적인 성과를 모색하는 것이 또한 정책의 입안과 집행에서 시너지효과를 배가시킨다. 우리는 8일간의 일정을 마치고 3월 10일 한국으로 돌아왔다. 우리의 해사 체험이 불황의 늪으로 빠져드는 우리 경제 상황을 타개하는 데 조금이나마 도움이 되었기를 바라면서. 그리고 다시 국회로 돌아온 우리는, 우리가 보고 느낀 것을 새롭게 정책화하고 새로운 방안을 찾아내는 데 온 힘을 기울였다.

인천을 동북아 물류의 중심으로

조선과 해운, 항만을 위시한 해양산업은 우리 경제에 중대한 역할을 한다. 우리는 지리적으로 해양세력과 대륙세력이 교차하는 동북아의 중심에 서 있다. 특히 세계 경제의 패권을 다툴 만큼 경제의 중심으로 부상한 중국이 우리와 인접해 있을 뿐만 아니라, 산업적으로 깊은 유기적 관계를 확대해가고 있다는 점은 활용하기에 따라 좋은 기회가 될 수 있다. 싱가포르에 이어 일거에 세계 2위의 항만으로 급부상한 상해 양산항과 3위의 홍콩항, 4위의 센젠항, 그리고 10위부터 11위, 12위를 기록하는 칭다오항, 닝보항, 광저우항이 모두 우리의 경쟁 항만이자 동반성장의 기반이 될 수 있다.

안벽 길이 3km, 연간 컨테이너 처리능력 4,300만TEU를 확보하고도 세계 최대의 항만으로 부상하고자 대양산과 소양산에 추가적인 개발계획을 수립하고 있는 상해 양산심수항, 전년대비 32%의 기록적인 성장률을 달성한 바 있는 닝보항에서 우리 해운기업들은 터미널 물동량의 상당 부분을 차지하는 주요 고객이다. 우리는 이미 조선산업과 해운산업을 중심으로 세계 해양산업을 선도하고 있고, 해양산업이 국가적인 중추 기간산업일 뿐만 아니라, 생산유발 효과 또한 지대하다. 나는 바다에 우리의 미래가 달려 있고 국운이 걸려 있다고 생각한다.

오늘날 해양의 중요성과 가치가 더욱 높이 인식되며 세계 각국은 바다를 둘러싼 치열한 경쟁을 벌이고 있다. 이러한 상황에서 우리는 고부가가치 산업이자 저탄소 녹색성장의 핵심인 해양산업을 우리 경제의 새로운 성장동력으로 삼아야 한다. 해운산업은 자체적으로 부가가치를 생산할 뿐만 아니라, 국가 경제적으로도 비용과 시간에 있어서 물류효율화 효과가 매우 크다. 연안해운은 그 경제성이 매우 뛰어나고, 특히 저탄소 녹색성장 기조에 맞는 친환경적인 물류운송수단이다. 내륙 철도는 추가적인 건설이 필요하고 도로는 이미 포화된 상태에서 교통 물류 흐름을 원활히 할 수 있는 대안은 바로 연안해운 활성화이다.

우리나라는 항만 인프라가 이미 충분한 편이다. 이런 기존의 인프라를 활용해서 국내 물류의 연안해운 활용도를 높이는 것이 산업경쟁력 강화에 이르는 길인 것이다.

해양 수산부 부활을 주장하다

나는 2012년, 해운 · 항만 · 해양 예산이 도로나 철도에 비해 너무 낮게 책정되어 있음을 지적하고 해운 · 항만 · 해양의 미래를 위해서는 해양수산부를 분리 · 독립시켜야 함을 주장했다. 2008년 2월 건설교통부와 해양수산부를 통합한 후 4년간 해운 · 항만 예산은 4,888억 원, 해양환경 예산은 384억 원이나 줄어 있었다. 이는 2012년 국토해양부 예산 기준으로 도로 부문의 5분의 1, 철도 부문의 3분의 1 수준에 지나지 않는 것이었다.

　IMF 외환위기 때는 112척의 국적선박을 헐값에 외국에 파는 등 국제적으로 경쟁력 있는 해운산업이 엄청난 타격을 받았다. 잠재적 능력이 있는 해운 · 항만산업을 다시 일으키려면 반드시 해운 · 항만 · 해양 정책을 전담할 수 있는 부처를 부활시켜야 한다고 보았다.

　2013년 3월 새 정부가 들어서며 해양수산부가 부활되었다. 이로써 앞으로 우리 해운항만 산업의 발전을 기대할 수 있게 된 것은 참으로 다행스러운 일이다.

6. 인천공항,
   아시아 허브공항의 자부심으로

동남권신공항 사업 폐지를 주장하다

인천공항 및 배후단지 개발 정책 단장이었던 나는, 인천국제공항에 대한 애정이 그 누구에게도 뒤지지 않을 정도로 크다. 18대 국회의원 임기를 시작한 2008년 이후에도 인천국제공항을 동북아 허브공항으로 성장시키기 위한 일이라면 언제든 발 벗고 나서 왔다.

이명박 대통령이 동남권 신공항을 공약으로 내세우고, 취임 후 본격적으로 신공항 후보지를 선정하는 등 적극적으로 움직이기 시작했다. 신공항 사업이 예정대로 진행될 경우 인천공항 허브화는 물거품이 되고 말 것이 불 보듯 뻔한 상황이었다.

국제 항공시장은 초대형 항공기의 출현으로 유럽, 동북아, 동남아, 미국에 각기 한두 개의 허브공항만이 생존할 수 있는 환경에 처해 있다. 1970~80년대 경제력이 상승하던 시기에 일본은 나리타와 간사이공항을 서로 경쟁시키며 국제공항으로 키웠지만 곧 '두 개의 공항' 정책을 포기한 선례도 있다. 나리타공항 개항 시 오사카 중심의 간사이 지역 사람들은 서남권 공항의 필요성을 제기했고, 그들의 바람대로 간사이공항이 만들어졌다. 그러나 두 개의 공항을 육성하기보다 하나의 공항에 집중해야 하는 상황임을 깨달은 일본은 하네다공항 하나를 허브로 키우는 정책으로 전환한 것이다.

간사이공항이 들어설 당시 일본 인구는 한국의 3배, 경제력은 10배 이상이었다. 그럼에도 실패한 두 개의 공항 정책을, 게다가 1,300만 명의 인구로 우리가 채택하겠다는 것은 그저 공약을 이행하는 것 외에 어떤 의미가 있는지 알 수 없었다. 동남권 공항은 지역경제에는 어느 정도 도움이 되겠지만, 8조 원에 달하는 투자규모에 비해 큰 효과가 없었다. 뿐만 아니라 동북아 허브 공항으로 성장하고 있는 인천국제공항의 발전에 족쇄를 채우는 일이었다.

이에 나는 당시 여당 초선 의원으로서 대통령 공약에 대해 '두 개의 허브공항은 실패한 모델'임을 당당히 밝혔다. 또한 '인천국제공항이 동북아 물류 중심 허브로서의 위치를 우선 확고히 해야 하기에 동남권 공항은 반드시 백지화되어야 할 것'임을 여러 차례 강조했다. 동남권신공항 사업이 과연 누구를 위한 것인지 깊이 생각해 보아야 했다.

한국공항공사에서 운영하는 총 14개 공항 중 김포공항, 제주공항, 김해공항 3개를 제외한 11개 공항은 적자를 면치 못하고 있었다. 전문가들도 여행 잠재력이나 배후 단지, 여객과 화물 수요를 일으킬 수 있는 잠재적인 수요가 있을지 불투명하다며 동남권 신공항 사업의 타당성에 대해 계속하여 의문을 제기하고 있었다.

결국 2011년 3월 30일 국토해양부가 신공항 사업 백지화를 발표했고, 대통령은 기자회견을 열어 공약을 지킬 수 없음을 사과했다.

인천국제공항 허브화 정책은 반드시 지켜져야 할 것

인천국제공항을 건설할 때 김포공항은 국내선 전용으로 이미 그 역할이 확정되어 있었다. 당초 김포공항에 개설될 수 있는 국제선을 제한하는 규정을 세워놓고 있었는데, 이는 인천국제공항의 허브화에 장애가 되지 않도록 하고 양 공항의 동반성장을 위해 도입한 규정이었다.

그러나 2009년 국토해양부가 '김포공항의 국제선 전세편 운영 규정'을 개정하면서 김포공항의 국제선이 대폭 확대되었고, 인천국제공항의 허브화 정책은 유명무실해질 위기에 놓였다. 김포공항이 국제선 노선을 잠식하여 인천국제공항 허브화를 위협해도 이를 규제할 근거가 사라지고 만 것이다. 인천국제공항 허브화를 위한 최소한의 장치인 '환승률 10% 미만' 과 '정기편 20% 이상 감축불가' 규정을 폐기한다는 것은 인천·김포 양 공항의 동반성장을 포기하는 것이나 다름없었다. 인천국제공항 허브화는 정책 우선순위에서 뒷전으로 밀리게 된 것이다.

나는 기존 규정을 9개월 만에 무더기로 폐기한 것을 강력하게 비판하고, 인천공항 허브화를 강화해나가야 함을 주장했다. 인천국제공항 허브화가 무너지면 우리나라 항공의 미래는 없다. 우리 공항은 국내 공항이 아닌 아시아의 일류 공항들과 경쟁해야 하는 것이기 때문이다.

본래 항공 물류는 무겁지 않고, 고가의 운송료를 지불하더라도 그만큼의 이익창출이 가능한 품목이 그 주요 운송 대상이 된다. 예를 들어 무게가 많이 나가는 자동차나 철강제품 혹은 운반 무게당 큰 이득이 발생하지 않는 농수산물이나 1차 가공품 등은 항공이 아닌 선박이나 철도 등을 이용한다.

따라서 항공 물류 산업은 초경량, 고부가가치 산업과 연관되어 발달하게 되는데, 예를 들면 LCD, 핸드폰, 반도체와 같은 경량의 고부가가치 물품들이 빠른 시간 내에 운반되어야 할 때 항공 물류 시스템이 이용되는 것이다.

인천공항은 지역적으로 동아시아 지역의 중심부에 있는 데다, 아시아의 일류 물류공항으로 자리를 잡으려고 애를 쓰는 간사이공항, 상하이공항 등에 비해 이착륙비용 등 경비가 매우 저렴한 편이다. 그래서 많은 항공사들이 인천공항을 중간기착점으로 해서 인원과 물자를 수송하고 기술적 서비스를 받으며 운영되고 있는 것이다. 그런 인천공항에 투자가 집중됨으로써 얻을 수 있는 부가가치는 김포공항에 외국 관광객이나 국내 관광객이 좀 더 늘어남으로써 얻을 수 있는 수익에 비교할 수 없을 정도로 큰 것이다. 국가적인 산업은 그런 거시적인 관점에서 바라보고 정책을 결정해야 한다.

인천에 항운, 해운, 육운의 기능이 체계적으로 갖춰졌을 때 비로소 대한민국의 물류가 인천을 통해 세계로 뻗어나가고, 세계 각국에서 몰려드는 물류가 인천을 통해 각 지방으로 분산되는 명실상부한 동북아 물류중심 국제도시로 발전할 수 있다는 것을 잊지 말아야 한다.

7. 경기만 프로젝트

경기만을 통일 경제특구로

나는 한국학술연구원 이사장 시절부터 경기만 특구 개발로 남북간 경제협력을 활성화시킬 것을 주장해왔다. 인천과 경기도 해안가를 중심으로 한 경기만 지역의 바다를 메워 대규모 부지를 조성하고, 북한과 연계한 '통일경제특구'로 개발하자는 것이다. 이는 남북이 공동으로 경기만을 확장해 접경지역 일대를 황해 도시 공동체 중심 및 동북아 물류 중심지, 대단위 경제자유구역으로 발전시키자는 구상이다. 각종 규제 중심의 국내법 적용을 최소화하는 특별국가통치(Special Governance) 형태, 이를테면 홍콩식 특구로 개발하자는 것이다.

이미 오래전부터 경제 리더와 전문가들은 우리 경제가 고효율의 일본과 저비용의 중국 사이에서 더 이상 경제 성장동력이 없는 넛크래커 상황에 직면해 있다고 경고해왔다. 우리나라 신성장동력은 '물류'에서 찾아야 한다. 대륙에서 태평양으로, 태평양에서 대륙으로의 진출 관문인 우리나라의 지정학적 위치를 이용해야 한다.

지금 우리 경제는 부족한 토지에 의한 SOC 비용 상승, 경쟁이 안 되는 산업용지, 비싼 인건비와 불안한 노사관계, 그리고 좌우를 넘나드는 일관성 없는 경제정책에 따른 기업의 투자의지 감소 등으로 경기 불안정과 성장잠재력 저하의 위기에 빠져 있다. 이러한 때일수록 미래 성장을 위한 획기적인 돌파구를 찾아야 한다.

현재 해주와 인천 영종도까지는 3분의 2가 갯벌이며, 나머지 3분의 1은 수백 년에 걸친 골재 유입 탓에 수심이 평균 5m 이하인 지역으로서, 평균 매립비용이 평당 약 15만 원일 것으로 추산된다. 강화도, 석모도, 영종도 일대 갯벌 6억 4,470만 제곱미터를 메워 경기만을 만들고, 해주 일대의 갯벌까지 매립하면 해주부터 서산까지 400킬로미터에 이르는 거대한 항만이 생기는 것이다. 이는 영종도 국제공항에서 약 35km 거리로, 서울에서 1시간, 인천공항에서 30분이 소요되는 지역 내에서 여러 용지 문제를 해결할 수 있는 것은 물론 엄청난 경제효과를 창출할 수 있는 대안이다. 2020년에는 환서해안 총물동량이 현재보다 최대 24배 늘어난다는 연구 결과도 있다. 경기만을 통해 이 물동량을 문제없이 처리

한다면 40조 원의 부가가치가 발생할 수 있다.

남북통일의 초석이 될 사업

남북통일은 우리의 민족적 과제다. 그러나 우리의 경우 독일에서와 같은 급작스러운 국경 붕괴는 커다란 혼란으로 이어질 것이다. 남북의 평화적 통일을 위해서는 우선 남한과 북한이 경제력을 동시에 키우는 것이 급선무다.

북한 국민 1인당 GNP는 600달러에도 미치지 못한다. 1990년대 이후 북한은 지속적인 식량난과 에너지난에 허덕이고 있고, 공장 가동률은 40%도 넘지 못하는 등 그야말로 쇠락의 늪에서 빠져나오지 못하고 있다. 따라서 통일로의 섣부른 접근은 남북한 모두를 거대한 혼돈과 붕괴의 낭떠러지로 떨어뜨릴 위험이 있다.

이에 추진되어온 것이 개성공단과 같은 경제자유지역이었다. 그러나 북한의 경제성장을 촉진하는 동시에 남한의 부족한 노동력을 확보하자는 의미로 조성된 개성공단은 아직 가시적 성과를 내지 못하고 있다. 북한 주권이 절대적인 영향력을 미치는 지역에 개성공단과 같은 형태의 경제협력으로는 우리나라 대기업이나 서구 유수기업의 투자를 유인할 수 없고 북한에 일자리를 창출할 수도 없다.

그 해결책으로서 제시하는 것이 남북 모두 정치적 영향에서 자유로운 제3의 지역에 홍콩이나 센젠 같은 경제자유지역을 만들자는 것이다. 그것이 현실화된다면 남한의 투자는 물론 서구 선도기업의 첨단 기술을 포함한 외자 유치도 가능하다. 이를 통해 간접적으로 북한 SOC 또는 자원 개발에 참여할 수 있게 되면 북한의 일자리 창출과 경제성장, 나아가 개방화로 인한 북한 주민의 의식변화를 유도할 수 있을 것이며 한반도 공동번영의 토대를 마련할수 있을 것이다.

나는 세계의 이목을 집중시킬 인천의 미래를 건설하는 데 온 힘을 쏟았다.
2008년, 캄보디아 소칸 부총리와 양국간 경제협력 방안에 대해 논의하고
있는 모습.

CHAPTER 03

박상은의
생   생
리얼스토리

나는 아버지께서

부끄러워하지 않을

당당한 길을 걷기 위해

애를 쓴다.

1. 어린 시절

강화 석모도에서 태어나다

나는 강화도 석모도에서 나고 자랐다. 내 할아버지는 슬하에 아홉 남매를 두셨고 나의 아버지가 장남이셨다. 그리고 우리 형제가 육남매이니, 그때 당시에도 우리 집은 대식구였다. 이 많은 식구를 거느리면서도 자손들 한 명 한 명에 대한 할아버지의 사랑은 지극하셨다. 아버지를 일찍 여읜 우리 형제들에 대한 지원도 아끼지 않으셨다.

나는 단 한 번도 할아버지와 할머니보다 먼저 잠에서 깬 적이 없었다. 내가 눈을 뜨면 언제나 부지런히 하루 일과를 준비하시는 할아버지가 보였고, 할머니의 새벽 기도 소리가 들렸다. 어른들의 그런 지극한 정성으로 내가 만들어지고, 섬 소년의 작은 꿈이 여물어갔다.

목회자로 봉직하시다 지병으로 일찍이 유명을 달리하신 아버지. 그때 내가 겨우 중학교 1학년생이었으니, 지금도 아버지를 생각하면 가슴이 먹먹할 뿐이다. 다만 많은 이들에게 힘이 되어주는, 봉사하는 삶을 사신 것이 아들로서 자랑스럽고 고마울 따름이다.

어머니께서는 맏며느리로서 시부모님을 모시고 삼촌, 고모들의 뒷바라지를 하시며 우리 육남매를 키우셨다. 그 세월 속에 얼마나 많은 그리움과 눈물이 고여 있을까 생각하면 가슴이 아려온다.

우리 집의 아침은 늘 할머니와 어머니의 새벽 기도로 시작되었다. 새벽 다섯 시면 어김없이 일어나 기도를 시작하셨고 우리는 잠결에 그 기도 소리를 듣곤 했다. 다섯 시 반쯤 되면 할머니와 어머니는 기도를 마치고 식구들도 하나둘 잠에서 깨어났다. 할아버지는 여느 때처럼 일을 서두르시고, 어머니는 우리를 깨운 후 머리맡에서 한 번 더 짧은 기도를 드렸다.

할머니와 어머니의 기도는 우리 가족을 지켜주는 사랑의 주술이었다. 우리는 그 안에서 평화와 충족을 느끼며 아침을 먹자마자 뛰쳐나가 공을 차곤 했다. 아버지께서 일찍 돌아가셨기 때문에 할머니께서는 우리가 건강한 것을 무엇보다 흐뭇해하셨다. 할머니의 기도말 중에 꼭 빠지지 않는 것이 "우리 손자들 건강하게 잘 자라도록 주께서 날마다 지켜주시옵소서." 하는 것이었다.

우리 마을 어른들은 모두 힘겹게 하루하루를 살아가고 있었다.

전쟁 후의 그 힘든 시절, 섬사람들의 삶이야 오죽했으랴. 그래도 일 년에 몇 번은 동네에서 잔치가 있었다. 돼지 한 마리 잡고 온 마을 사람들이 모여 단 하루라도 시름을 잊고 맛있는 음식을 나누며 즐거운 시간을 보냈던 것이다. 그런 날은 우리들도 덩달아 신이 났다.

잔칫집에서 돼지를 잡고 나면 돼지 오줌통은 우리들 차지였다. 우리는 돼지 오줌통을 재에 비벼 기름기를 제거하고 개나리 나무를 통해 바람을 불어넣어 공처럼 만들었다. 돼지 오줌통은 꽤 질겨서 못이나 가시에 찔리지 않는 한 잘 터지지 않아 축구공 대용으로는 그만이었다. 우리는 오줌통으로 만든 공을 차면서 골목이 어두워질 때까지 뛰어놀았다.

석모도는 작은 섬이지만, 어린 시절 친구들과 활개를 치고 다니기에 우리 섬은 결코 작지 않게 느껴졌다. 저녁때가 되서야 집에 들어오면 어머니의 저녁밥 짓는 냄새, 그릇 달그락거리는 소리, 그리고 바다 일을 마치고 돌아오시는 할아버지의 기척, 그런 그리운 감각이 내 유년시절을 가득 채우고 있다.

할아버지의 꿈

"창고 속에 쌓아놓은 재산은 도적이 와서 가져가면 그만이지만, 머릿속에 넣어놓은 지식은 어느 누구도 훔쳐 갈 수 없는 것이란다. 그래서 사람은 책을 많이 읽어야만 하는 것이다. 특히 성경책을. 바로 이게 진정한 네 재산이 되는 것이다."

지금은 유명을 달리하신 할아버지께서 생전에 나에게 해주신 말씀이다. 할아버지께서는 늘 우리들에게 책을 많이 읽고 지식을 쌓아야 함을 강조하셨지만 학교 공부에서 일등을 해 오라고 다그치지는 않으셨다. 그게 할아버지의 교육 철학이셨던 것 같다. 책을 많이 읽고 마음을 넓혀 지혜로운 사람이 되길 바라셨던 것이다. 아버지께서 지병으로 일찍 돌아가셨기 때문에 나는 삼촌들과 함께 할아버지 밑에서 자라게 되었다. 그래서 할아버지의 삶에 대한 성실한 자세와 옛 어른의 교육 철학을 그대로 흡수할 수 있었다.

할아버지는 논도 제법 많았고 배도 갖고 있었지만 워낙 많은 식구들을 부양하다 보니 살림은 늘 넉넉하지 않았다. 농사에 어업까지 병행하셨던 할아버지는 일 년 내내 하루도 허리를 펴실 날이 없었다. 어린 시절의 나에게는 그런 할아버지의 고된 일과에 대한 안타까움보다는, 늘 새벽마다 누구보다 먼저 일어나 하루 일과를 준비하시는 모습에 그저 든든한 믿음을 느꼈다. 아버지가 일찍 돌아가셨음에도 불구하고 우리 형제가 불안한 감정을 느끼지 않고 평탄하게 성장할 수 있었던 데는 어머니의 보살핌도 컸지만, 할아버지의 든든한 울타리가 없었다면 불가능한 것이었으리라 생각한다.

설날이 지나면 할아버지께서 봄을 맞을 준비를 하며 늘 하시던 일이 있었다. 앞마당에 새우잡이 그물을 하나 가득 펼쳐놓으시고 그물코를 깁는 것이었다. 동네 어른들과 함께 앉아 그물코를 하나하나 살피시고 깁던 모습이 아직도 생생하다.

내가 눈을 비비고 일어날 때쯤에는 하나하나 기워나가 벌써 대문 밖의 큰길까지 그물이 드리워져 있곤 했다. 얼마나 일찍부터 일을 시작하셨으면 새우잡이 그물을 벌써 저렇게 길게 바깥까지 끌고 나가셨을까.

새우잡이 그물은 유난히 촘촘하다. 그 촘촘한 눈구멍의 그물코를 일일이 확인하고 망가진 부분을 꼼꼼히 수선하시던 그 모습은 어린 내가 보기에도 사뭇 엄숙해 보이기까지 했다. 오랜 노동으로 거칠고 투박해진 그 손에서는 삶을 견디는 강한 힘과 함께 알 수 없는 부드러움이 느껴졌다. 그것은 아마도 우리에 대한 사랑이 아니었을까.

아버지의 유산

중학교 1학년 때였다. 아버지께서 피곤하다고 하시며 방으로 들어가셨다. 그것이 마지막이었다. 아버지께서는 그렇게 하나님의 품으로 돌아가셨다.

아버지는 내가 초등학교에 들어가기 전부터 고향에 내려와 계셨다. 서울대학교 상과 대학을 졸업하신 아버지는 다시 감리교신학대학에서 신학 공부를 하셨다. 아버지께서 목회자의 길을 간 데는 오래도록 신앙을 가져오신 할아버지의 바람도 있었으리라 생각된다.

아버지는 인천 창녕교회 목사로 봉직하셨다. 아버지는 교회 일이 아니면 늘 책을 읽거나 기도를 하시며 조용한 시간을 보내셨다. 내가 초등학교에 다닐 무렵은 부패한 자유당 정권이 마지막 기승을 부리던 무렵이었다. 곧 4 · 19가 일어났지만, 젊은 지식인이자 행동하는 목사로서 그 시대를 뚫고 가야 했던 아버지의 고민이 얼마나 컸을까, 내가 대학생이 되고 나서야 나는 아버지를 조금 더 이해할 수 있게 되었다.

비록 몸이 병약하여 고향으로 내려와 가난한 이웃을 돌보며 종교인으로서의 삶을 사셨지만, 그 시대의 그늘에서 아버지는 결코 자유로울 수 없었을 것이다. 아버지와의 기억은 열서너 살에 머물러 있기 때문에, 아버지에 대해 더 많이 기억하지 못하는 것이 너무나 안타깝다. 좀 더 오래 살아계셨다면 우리는 더 많은 이야기를 나누며, 청년 시절의 내 고민과 방황에 아버지께서 좋은 길잡이이자 훌륭한 스승이 되어주셨을 텐데…….

그러나 나는 아버지가 내게 어떤 삶을 보여주고 싶으셨는지 뚜렷이 알 수 있다. 아버지께서는 나를 데리고 해명산을 오르며 민족과 역사, 기독교와 철학에 대해 들려주시곤 했다. 백범 김구 선생님이나 민족운동가이자 종교인인 함석헌 선생님에 관해 자주 이야기하셨다. 그분들의 삶을 사표로 삼아 정진하길 바라는 마음이셨을 것이다.

"산을 빨리 오르는 것보다 중요한 것은 산에 오르는 과정이란다."

"의로운 사람이 살아가는 인생길은 저물어 기우는 햇살이 아니라 돋는 햇살처럼 밝게 빛나 온 누리에 빛이 퍼져 마침내 원만한 광명에 이르게 되는 것이다."

"네 스스로 큰 인물이 못 되고 한없이 작아진다고 느껴질 때는 《백범일지》를 읽어보아라." 하는 인생에 대한 가르침이었다.

어린 나로서는 아직 다 이해할 수는 없는 이야기들을 잔잔히 들려주시던 아버지. 몸이 약하신 아버지께서는 당신이 우리를 더 오래 지켜줄 수 없을 것이란 걸 알고 계셨던 걸까. 그래서 미리 다 알려주시고 싶었던 것인지도 모른다.

아버지의 그 말씀들은 내 가슴에 남아 위기의 순간마다 다시 되살아난다. 아버지의 그 철학적인 말씀들은 지금까지의 내 인생길에서 멀리서 희미하게, 그러나 분명히 비치고 있는 등대처럼 나를 이끌어주고 있다.

"올바른 사람으로 자라나라."

"큰 안목을 지니고 세상을 보거라."

"결과보다 중요한 것이 과정이다."

아버지는 내가 올곧은 길을 걸어가길 바라셨다. 빠른 성과보다는 주위를 돌아보며 천천히 가기를 바라신 것이다. 더 큰 안목으로 민족과 국가를 위해 살기를 바라신 거다. 나는 그렇게 믿고 있다.

그리고 내가 아버지께서 원하시던 삶을 살고 있는지 돌아본다. 아버지께서 사신 그 시대만큼 내가 부딪치고 있는 지금 이 시대에도 해야 할 일이 너무나 많다. 나는 이 시대가 우리에게 요구하는 사명을 제대로 수행하고 있는가. 내가 해야 할 일을 하고 있는가. 끊임없이 돌아본다.

기업인으로서 회사의 많은 식구들을 보살펴야 했을 때에도, 정치인으로서 국가를 위해 일하는 지금도, 나는 아버지께서 부끄러워하지 않을 당당한 길을 걷기 위해 애를 쓴다. 쉬운 길이 아닌 올바른 길, 넓은 문이 아닌 좁은 문. 그것이 아버지께서 나에게 남겨주신 유산이다.

맹모삼천지교

내가 어린 시절을 보낸 석모도 어류정에는 해명초등학교 분교가 있었다. 나는 초등학교 저학년까지는 이곳 분교로 등교했다.

아무래도 섬은 교육환경이 열악할 수밖에 없었다. 그래도 어른들은 가능한 한 좋은 환경을 만들어주려고 애를 쓰셨다. 우리 집은 얼마 후 해명초등학교 본교 아래로 이사를 갔다. 맹자의 어머니가 좋은 교육환경을 찾아 이사를 다닌 것처럼, 우리도 학교를 따라 이사를 간 것이다. 어른들은 그렇게 우리를 본교로 통학하게 하셨다. 지금도 그 집이 학교에서 1킬로미터도 떨어지지 않은 산기슭에 그대로 남아 있다.

그리고 나는 인천에 있는 송도중학교로 진학했다. 인천 만석동에는 방 두 칸짜리 집이 한 채 있었다. 할아버지께서 삼촌, 고모, 그리고 누나와 형들이 학교를 다닐 수 있도록 마련하신 집이었다. 말하자면 우리 집 기숙사였던 셈이다. 나도 그곳에서 학교를 다녔다. 한 해에 일곱 명 정도는 늘 학교를 다니고 있었으니 정말 기숙사나 다름이 없었다.

바다 깊은 어촌에서 나고 자란 나에게 인천은 그야말로 신천지였다. 그렇게 많은 차가 도로를 달리고 있다는 게 신기했다. 사람이 너무 많아 정신이 하나도 없었다. 철모르고 뛰어놀던 초등학교 시절도 물론 행복했지만, 도시에서의 새로운 학창생활은 꿈만 같은 것이었다. 더 넓은 세상과 같은 반으로 만난 몇 십 명의 친구들. 섬마을 초등학교에서는 6학년 아이들을 전부 모아야 축구 경기라도 할 수 있었는데, 도시 학교에서는 반 아이들만으로도 충분히 공을 찰 수 있다는 게 신기했다.

나는 어려서부터 운동을 좋아했다. 그건 지금도 마찬가지다. 한 번씩 땀 흘리며 한바탕 뜀박질을 하지 않으면 좀이 쑤시는 건 어렸을 때부터 몸에 밴 습관이다. 운동을 좋아하는 덕분에 지금도 체력만큼은 자신이 있다. 초등학교 때부터 축구를 즐기던 나는 중학교에 진학하고부터는 유도를 시작했다. 내가 어려서 유도를 배워 초단 정도 실력이 된다고 말하면 지금도 사람들은 고개를 끄덕인다. 내 체격을 보면 유도라는 운동이 꽤 어울려 보이는 모양이다. 유도는 태권도나 검도와 마찬가지로 체력 연마나 격투의 목적만 가지는 운동은 아니다. 유도 또한 예의를 중요시하고 스스로의 인격을 가다듬어야만 이 운동을 할 자격을 갖춘 것이라 여겨진다.

한참 성장할 시기인 중학교 때에 유도라는 운동을 만났던 것은 나에게는 큰 행운이었다. 신체와 정신의 조화를 중히 여기는 운동을 함으로써 내 자신을 갈고 닦을 수 있었기 때문이다. 또 멀리 서울로 기차를 타고 고등학교를 다닐 때는 이 유도 실력의 덕을 보기도 했다. 귀찮게 달라붙는 불량학생들을 기차 통로에 메쳐버린 후로는 편안히 통학할 수 있었으니 말이다.

인천에서 중학교를 졸업한 나는, 고등학교는 서울로 가고 싶었다. 그때부터 이미 내 역마살은 시작되었던 것 같다. 더 넓은 곳으로 가고 싶었다. 더 큰 꿈을 꾸고 싶었다. 왕복 여섯 시간의 통학길을 감수하고서라도 나는 서울의 일류 고등학교에 가고 싶었다. 당시에는 고등학교에도 명문이 있어, 명문 고등학교에 다니는 학생들은 공부 환경이 좋을 뿐 아니라 전통 있는 자기 학교에 대해 높은 자부심을 갖던 때였다. 무쇠 같은 체력을 가지고 있던 열다섯 소년이 그깟 기차 통학쯤이 문제랴.

집안 어른들도 같은 생각이셨다. 갈 수만 있다면 어떻게든 방법은 찾아보자고 하셨다. 어른들의 적극적인 지원 속에서 나는 서울로의 진학을 결심했다. 담임선생님께서는 집안 형편을 생각해 국공립학교에 진학할 것을 권하시며 경동고등학교에 원서를 써주셨다.

고등학교에 합격한 후 선생님을 찾아뵈니 선생님께서 어깨를 두드리며 말씀하셨다.

"상은아, 고등학교 1학년을 잘 보내야 한다. 특히 통학길에 항상 조심하도록 해라. 상은이 너야 다른 유혹에 빠질 일이 없겠지만…….. 참, 상은이 너 유도 초단이지? 그럼 됐다. 안심이다. 유도 초단이면 웬만한 상대는 메친다."

선생님께서 무엇을 걱정하셨는지는 나중에야 알게 되었다. 기차 안에서 다른 학생들을 괴롭히던 아이들이 몇 있었다. 같은 기차를 타고 매일 비슷한 시간에 등교를 하다 보니 얼굴을 익혔는지, 어느 날은 나에게 시비를 걸어왔다. 나는 싸움을 걸어오는 세 녀석들 앞에 서서 아무 말도 하지 않고 차례로 녀석들을 메쳐버렸다. 기차 안 아주머니들이 박수를 치며 통쾌해하시던 모습이 생각난다. 그후로는 조용하게 책을 읽으며 등교를 할 수 있었다.

고등학교 2학년이 되어 감리교단에서 운영하는 아현동의 기숙사에 들어갈 때까지, 인천 만석동 집에서 경동고등학교까지 하루 여섯 시간의 기차 통학은 계속되었다. 물론 체력적으로는 힘이 들었다. 빠듯한 기차 시간과 등교 시간 때문에 언제나 마음을 졸이며 뛰어다녀야 했다. 그러나 차창 밖으로 지나가는 풍경은 조금도 지루하지 않았다. 고등학교에서 새로 만난 친구들도 좋았다. 사람 사귀길 좋아하는 나는 어디서나 금세 친구를 만들 수 있었다.

그리고 보면 나에겐 언제나 고마운 사람들이 곁에 있었다. 공부를 위해서는 어떤 지원도 아끼지 않았던 집안 어른들은 가장 고마운 존재다. 아직 어려운 시절이었던 그때 이미 자녀 교육을 위해 맹모삼천지교를 실행하셨던 할아버지. 귀한 아들 공부하며 자칫 체력이라도 떨어질까, 일주일이 멀다하고 만석동 집으로 김치와 반찬을 나르시던 어머니. 집을 떠나서도 든든하게 지낼 수 있도록 힘이 되어준 삼촌과 고모들.

만석동에서 지낸 시절은 지금도 잊을 수 없는 추억으로 남아 있다. 나의 활개를 마음껏 펴고 훨훨 날아오르던 시절이다. 조금씩 세상을 배워가며 호기심으로 가득 찼던 그때를 생각하면, 그 시절이 지금 내가 살아가는 힘이구나 하는 것을 느낀다.

2. 청년 시절

기차에 실은 꿈

새벽 5시 40분. 인천에서 첫차를 타면 7시쯤 서울역에 도착했다. 서울역에서 성북구에 위치한 경동고등학교까지 가려면 40분은 걸렸다. 수업이 7시 20분에 시작하니 이미 지각이었다. 그 시절엔 고등학교 규율이 매우 엄격했다. 매일같이 지각을 했던 나는 아침마다 기합으로 하루를 시작하였다.

또 당시 교장선생님이었던 홍순철 선생님은 지각을 용납하지 않으셨다. 지각을 할 거면 차라리 학교를 나오지 말라는 말씀을 조회 때마다 하셨다. 나는 결국 담임선생님을 통해 내 사정을 말씀드릴 수밖에 없었다. 교장선생님은 다음 애국조회에서 전교생들에게 내 사연을 이야기하셨는데, 먼 통학길에도 불구하고 공부를 하려는 일념을 높이 사셨던 것 같다.

경동고등학교 시절 친구들과 함께(윗줄 맨왼쪽).

그러나 특별히 지각이 용인되었다 해도 수업 중에 교실로 들어가 공부하는 친구들을 방해할 수는 없었다. 나는 할 수 없이 1교시에는 혼자 도서관에서 공부를 하고, 2교시부터 수업에 들어갔다.

학교에 사정을 말씀드린 후에도 등굣길은 언제나 마음이 초조했다. 차를 놓치지 않으려고 플랫폼을 뛰고, 서울역 광장을 뛰어 버스를 잡아타곤 했다. 그러니 학교를 마치고 집으로 돌아올 때는 파김치가 되어버려 책상 앞에 앉아 책을 펼칠 힘도 남아 있지 않았다.

궁리 끝에 나는 방과 후 학교에 남아 공부를 하고 막차를 타고 집으로 돌아와야겠다고 생각했다. 나는 누나를 졸라 도시락을 두 개 싸달라고 해서 저녁에 그것을 먹고 도서실에서 9시까지 공부에 집중했다. 그랬더니 공부도 충분히 할 수 있고, 밤에 들어가면 그대로 쓰러져 자면 되니 몸도 덜 힘들었다.

　그러던 어느 날, 학교에서 공부를 마치고 서울역으로 왔는데 10시 20분 막차를 놓치고 말았다. 눈앞이 깜깜했다. 어디 가서 밤을 지낸단 말인가. 서울에는 친척도 없고, 고등학생 주머니에는 하루를 묵을 만한 돈이 있을 리 만무하고.

　정처 없이 거리를 걷던 발걸음이 남산으로 향했다. 그날 섬마을 소년은 서울의 화려한 야경을 처음으로 보게 되었다. 한없이 무겁던 마음도 조금 누그러지는 듯했다. 그후로는 막차를 놓치면 으레 남산으로 올라갔다. 차가운 밤공기를 가르며 숨이 턱에 찰 때까지 쉬지 않고 뛰어 올랐다. 그리고 서울의 밤거리를 내려다보며 깊게 심호흡했다.

　팔각정에서 하룻밤을 지내고 이른 새벽 등산객들에게 섞여 남산을 내려오며 약수터에서 간단하게 세수를 하고 허기도 달래었다. 그때는 어쩔 수 없이 한 일이지만, 지금 생각해보면 한 번쯤 그때로 돌아가 남산의 차가운 밤공기를 가르며 다시 한 번 뛰어보고 싶다는 간절한 마음도 든다.

그 후로 내 인생은 쭉 길 위에서 펼쳐지게 된다. 고등학교 때부터 나는 이미 길 위에서의 시간을 소중히 여기는 방법을 배우기 시작했다. 경인선 열차에서 아침에 세 시간, 저녁에 세 시간, 왕복 여섯 시간의 시간을 허투루 보낼 수는 없었다.

혼잡한 열차칸 안에서 공부를 할 수는 없고 하여 나는 무조건 통학길에 책을 읽기로 결심했다. 우선 아버지께서 말씀하신《백범일지》를 처음으로 읽어보았다. 그리고 아버지께서 나에게 그 책을 권하신 뜻을 비로소 알게 되었다.

백범 김구 선생은 일신의 안위와 영달을 꾀하지 않고 민족의 앞날을 위해 한 몸을 오롯이 바치신 인물이다. 아버지는 내가 백범 선생을 본받아 올곧은 길을 걸어가길 바라신 것이 아닐까. 그 후에도 대학 시절에 두어 번 더《백범일지》를 읽으며, 그 책은 또 다른 의미로 내게 다가오곤 했다.

그때 읽은 책들이 지금까지도 내 인생의 자양분이 되어주고 있는 것을 보면 젊은 시절 독서는 매우 중요한 것이다. 감수성이 풍부하며 지적으로 성숙해가는 때에 읽은 한 권의 책은 평생 그 사람의 가슴에 남아 인생의 길을 비춰주는 등대와 같은 역할을 한다. 어떤 사소한 행동을 할 때나, 또 어떤 중대한 결정을 할 때도 그 시절 읽은 책 속의 구절과 그 안에 담긴 위인들의 위대한 삶이 나에게 영향을 미치고 있음을 느낀다.

그 후로 생활이 바빠 평소에 책을 읽지 못해도, 나는 출장길이나 어디 먼 곳을 갈 때는 언제나 책을 들고 다녔다. 창밖의 풍경과 함께 길 위에서 읽은 책들은 나를 더욱 깊은 사색에 잠기게 하기 때문이다.

생선장수 아주머니들

고등학교 시절 기차간은 우리 삶의 풍경을 그대로 축약해놓은 공간이기도 했다. 그 새벽에 첫차를 타고 서울로 나가는 사람은 나뿐만이 아니었다. 교복을 입은 많은 학생들이 나처럼 서울로 통학을 하고 있었고, 생선 장사를 하러 서울로 가는 아주머니들도 있었다.

기차에서 다른 학교 학생 셋을 패대기친 사건 후로 나를 알아보는 아주머니들이 많았다. 계속 같은 시간에 마주치다 보니 서로 인사를 건네고 가끔 이야기도 주고받는 사이가 되었다. 아주머니들의 무거운 짐을 받아 선반에 올려드리며 나는 코를 찌르는 생선 냄새가 싫지 않았다.

그분들을 보면 어머니 생각이 났고, 할머니의 기도소리, 일손을 놓지 않는 할아버지의 주름진 손이 떠올랐다. 생선장수 아주머니들의 옷자락에서 풍겨오는 짭짜름한 냄새는 나를 키워낸 할아버지의 냄새였다.

인천 새벽 어시장에서 조기와 꽃게 같은 것들을 떼어다 부천이나 서울로 행상을 나가시면, 새벽 일찍부터 저녁까지 돌아다녀도 하루 벌이가 600원이나 700원쯤 하던 때였다. 당시로도 아이들을 키우고 집안을 건사하기엔 너무나 적은 돈이었다. 그래도 그분들은 언제나 밝은 모습이었다.

새벽부터 들고 뛰었던 가방 속에서는 도시락에서 반찬 국물이 흘러나와 책 한끝을 적셨고, 누렇게 간이 밴 내 책에서는 언제나 조금씩 음식 냄새가 풍겼다. 무거운 짐을 이고도 고등학생인 나에게도 뒤처지지 않고 플랫폼을 뛰어 기차간에 오른 아주머니들은 겨우 한숨 돌리고서 땀을 닦으셨다. 내 교복 셔츠도 겨울이나 여름이나 땀에 젖어 있었다.

나는 지금도 여전히 그것이 삶의 향기라고 생각한다. 시대가 변하고 우리가 살아가는 풍경은 조금씩 달라지지만 평범한 아주머니들이 자식들을 생각하며 흘리는 땀, 부모님의 사랑에 보답하고자 하는 자식들의 마음, 그런 가치는 사라지지 않는다고 믿는다.

첫 서울살이

고등학교 2학년에는 인우학사 기숙사에 들어가 생활할 수 있었다. 전국 각 지역에서 모여든 아이들과 함께 기숙사 생활을 하는 것이 십대의 나이에 얼마나 가슴 두근거리는 일인가. 나는 학교 친구들과는 또 다른, 더 살갑고 끈끈한 우정을 알게 되었다.

인우학사는 감리교 목사의 자녀들을 위해 만들어진 곳이었다. 지방에서 올라와 유학 생활을 하며 거처할 곳이 마땅치 않은 학생들을 위해 마련된 기숙사였다. 그런 곳에 들어가 생활한다는 것이 얼마나 설레던지. 나는 그렇게 삼촌, 고모들과 함께 있던 만석동 우리 집 기숙사를 나와 또래 친구들과의 생활을 시작하였다. 그러나 친구들과 철없이 몰려다니며 엉뚱한 짓을 하고 다니지는 않았다. 고향에 계신 어른들을 생각하면 그렇게 할 수는 없었다.

1960대 우리나라는 고속성장이 이루어지고 있었고, 빠르게 도시화가 진행되고 있었다. 서울로 몰려든 많은 사람들 중에 나 또한 섞여 있었다. 그 시절을 배경으로 한 드라마나 영화에서 각박한 현실 속에서도 인정을 잃지 않는 사람들의 모습을 보면 나는 고등학교 시절이 오버랩된다. 내가 타지에서도 조금도 흔들림 없이 공부할 수 있었던 것은 나에게 힘이 되어준 많은 사람들이 있었기 때문이다.

나는 그렇게 고등학교 생활을 마치고 대학으로 진학했다. 연세대학교 법학과 신입생이 된 나는 연세대학의 법현학사에서 다시 한 번 기숙사 생활을 하게 되었다. 그런데 그때의 생활은 고등학교 때와는 사뭇 달랐다. 한마디로 문제 학생(?)으로 법현학사를 한 번 쫓겨난 경력을 갖게 된 것이다.

나는 대학에 차석으로 합격하여 교수님들의 추천으로 '인촌장학금'을 받을 수 있었고, 교수님들은 마땅히 다닐 집이 없었던 내게 연세대학교 학생들이 고시를 준비하는 법현학사에 들어가도록 주선해주셨다. 나는 1학년짜리로는 유일하게 법현학사에 들어가 선배들과 함께 생활했다. 지방에서 온 신입생치고 운이 좋았던 것이다. 대학에 들어오니 내가 지금껏 살아온 인생과는 다른 폭넓은 세계가 기다리고 있었다. 나는 선배들을 만나 이야기를 나누고, 새로운 친구들을 사귀고, 토론회나 서클에 나가며 사고의 폭을 넓혀나가는 재미에 푹 빠져 있었다.

넓은 세계를 만나 야생마처럼 뛰어다니던 신입생이 선배들이 고시 공부에 매달리는 기숙사에 맞을 리 없었다. 법현학사에서는 매일 밤 10시에 학생들이 도서관에 앉아 있는지를 한 번씩 점검했는데, 나는 매번 자리에 없었던 것이다. 그때 실장이었던 3학년 선배, 최근 서울중앙지방법원 법원장을 지냈던 이홍복 선배에게 나는 번번이 걸리고 말았다. 1차 경고를 받고도 일주일에 두세 번씩 자리를 비웠던 나는 결국 2차 경고와 함께 법현학사에서 퇴사당했다. 2학년부터는 성적순으로 다섯 명까지 법현학사 입실이 가능하여 얼마 후 나는 다시 그곳에 들어가 안정적인 생활을 할 수 있었지만 말이다.

대학에서 2년쯤 보내면 신입생 때와 같은 설익음은 사라지고 제법 어른 티가 난다. 나도 이때쯤엔 진지하게 공부에 매진하고 미래에 대한 구체적인 계획을 짜기 시작했다. 그러나 60년대 말 대학에 들어간 나에겐, 시대적으로 이미 평탄치 못한 학교생활이 예고되어 있었다는 걸 그때는 아직 모르고 있었다.

연세대학교 학생회장이 되다

이때 연세대학교 학생회장으로 출마하라는 친구들의 권유를 받게 되었다. 고시를 준비하고 있던 나는 망설일 수밖에 없었다. 게다가 나에게는 선거를 치를 만한 여웃돈도 없었다. 대학 선거라지만 여러 사람들이 움직이다 보면 아무래도 자금이 들게 마련이기 때문에 가난한 학생에게는 그것조차 큰 부담이었다.

망설이는 나에게 며칠 후 친구들이 다시 찾아왔다. 한 녀석은 시계를 풀고, 한 녀석은 카메라를 팔아가지고 왔다. 집에서 부쳐

준 하숙비를 들고 온 녀석도 있었다. 그때 당시로는 제법 큰돈인 10만 원 넘는 돈을 만들어 온 친구들을 보자 이게 웃을 일이 아니구나 싶었다. 내가 하고 싶든, 그렇지 않든 이미 일은 시작되고 있었던 것이다.

나는 그때 공부에 집중해야 할 때라고 생각했지만, 친구들은 학생회장 한다고 공부 못 하냐며 뜻을 굽히지 않았다. 역시 성실하게 공부하는 녀석들이었기 때문에 친구들의 말에 신뢰가 가지 않는 것은 아니었지만, 그러나 역시 고민이 되었다. 지금은 많이 변한 듯하지만, 당시의 대학교 학생회장은 단순한 학생들의 대표가 아니었다. 깨어 있는 젊은 지식인으로서 사회 문제에 적극적으로 참여하여 학생들을 이끌고 기성세대의 부정에 맞서야 하는 자리라는 것이 일반적인 생각이었다. 내가 그런 막중한 자리에서 제대로 내 역할을 할 수 있을까, 고향에 계신 어른들께서 걱정하시지 않을까, 여러 가지 생각이 스쳐 지나갔다.

그 격변의 시대에 1년 동안 학생회장으로 있겠다는 것은, 당장 눈앞에 다가올 졸업 후 나의 현실을 잠시 미뤄두겠다는 의미였다. 그러나 내 속에 꿈틀대는 특유의 도전정신은 나를 또 한 번 미지의 세계를 향해 발을 딛게 하였다. 또 자신의 안위보다는 올바른 길을 걷길 바라셨던 아버지의 말씀이 내 발걸음을 재촉했다.

나는 결정을 내리기 전에 교수님들을 찾아뵈었다. 대부분의 교수님들께서는 내가 학생회장에 출마하는 것을 반대하셨다. 공부에 방해가 될 거라는 것이었다. 특히 김현태 법학과장님은 매우 단호하게 반대하셨고, 당시 전임강사로 계시던 양승두 교수님께서도 걱정하셨다. 나중에 안 일이지만 이 문제가 교수 회의에 오

연세대학교 시절, 친구들과 대만국립대학교 앞에서(중앙의 키 큰 청년).

를 정도로 교수님들의 걱정은 매우 크셨다고 한다.

함병춘 교수님은 끝까지 걱정스러운 마음을 감추지 못하셨다.

"한 가지 일을 하기도 어려운 것이다. 정말 회장 일도, 공부도 모두 잘 해낼 수 있겠나?"

나는 해보겠다고 당당하게 말씀드렸다. 함병춘 교수님은 훗날 나에게 꿈같은 해외 유학을 주선해주시기도 한 분인데, 학생회장에 출마하겠다고 했던 그때도 아낌없는 조언을 해주셨다.

대학을 졸업해도 자기 이름을 아는 교수님 한 분이 없다는 사람들이 많지만, 나는 교수님들과 이상할 정도로 가깝게 지냈다. 늘 어른들 속에서 사랑받고 자란 나는 어른들께 다가가는 것이 좋았다. 항상 어려움 없이 부득부득 찾아들었고 그런 나를 선생님들께서는 애정 어린 마음으로 대해주셨다. 대학 시절에는 함 교수님과 또 김명회 정법대 학장님의 도움이 매우 컸다. 교수님들께서는 중요한 선택 앞에서 늘 길을 안내해주셨고, 든든하게 지원해주셨다.

교수님들의 애정 어린 걱정 속에서 나는 학생회장 출마를 결심했다. 그것은 나에게 쉽지 않은 선택이었다.

젊은 함성

학생회장에 당선되고 취임식을 하기도 전에 학생 데모가 일어났다. 나는 미래를 생각할 겨를도 없이 그 중심으로 뛰어들고 있었다. 나에게 학생회장 출마를 권했던 김성찬 선배는 내게 말했다.

"데모 같은 것이 위험하긴 하나 오히려 그런 걸 통해서 네가 더욱 성숙할 수도 있을 거다." 그러나 그 끝에서 우리가 무엇을 얻게 될지 그때는 알 수 없었다. 3학년에 올라와 학생회장에 당선되자마자 데모는 하루도 끊일 날이 없이 이어졌다. 연세대학교 학생회장인 나는 당연히 경찰의 표적이 되었다. 나는 연세춘추건물 3층의 작은 다락방에 은신처를 마련해 그곳에서 잠도 자고 공부도 하며 지냈다.

학생운동이 워낙 거칠게 일어나던 때라, 드디어 나도 경찰에 검거되기에 이르렀다. 학생 데모를 하다 보면 정법대학 학생들이 앞장서게 되는 경우가 많다. 플래카드를 하나 쓰더라도 법대생들은 아무래도 강경한 어조로 쓰게 된다. 그래서 데모하고 나면 경찰 리스트에 가장 많이 올라 있는 게 법대생들이었다. 게다가 전국 대학의 학생운동을 서울대학과 우리 연대, 고대에서 선도하던 때였다. 학생회장으로 당선된 이튿날부터 시작된 데모는 이래저래 내 이름을 확실히 각인시키는 계기가 되었다.

당연한 수순이었겠지만, 얼마 후 박상은이를 체포하라는 지령이 떨어졌다는 걸 알게 됐다. 나는 예전과는 다른 위기감을 느끼고 친구의 도움을 얻어 서울을 빠져나갔다. 한 선배의 고향인 강원도 삼척에 내려가 한 달 가까이를 보냈다. 20여 일이 지나자 조금 잠잠해진 듯한 느낌이 들었다. 나는 서울 소식이 궁금해서 견딜 수가 없었다. 긴장감을 안고 다시 서울로 올라갔는데, 3일 만에 체포되고 말았다. 경찰서에 끌려가보니 이미 낯익은 얼굴들이 많이 와 있었다. 다른 대학의 학생회 간부들이었다. 학생 데모를 주도했던 우리는 일종의 사상 교육을 받기 위해 월남으로 보내졌다. 먼 이국땅에서 목숨 걸고 싸우는 국군의 모습을 보며 애국심을 고취시키고 교화시키겠다는 뜻이었을 것이다.

　우리는 가수를 비롯한 연예인들, 사회단체 대표들, 대학생들로 구성된 월남장병위문단에 포함되어 월남행 배에 몸을 실었다. 장기간의 항해로 우리는 지독한 뱃멀미에 시달려야 했다. 그리고 긴장 속에 백마부대 29연대 본부 중대에 들어선 우리를 맞아준 풍경은 가상 전투훈련 모습이었다. 요란한 사이렌 소리, 콩 볶듯 쏘아대는 자동 소총 소리, 병사들의 고함 소리. 전쟁이 무엇인지 모르는 우리에게 그것은 큰 충격이었다. 비록 훈련이라 해도 참혹한 전쟁터에서 행해지는 실전 훈련은 전쟁을 방불케 했다.

　우리는 부대의 안내를 받아 사이공 관광에 나섰다. 전쟁의 흔적을 찾아볼 수 없는 사이공 거리는 우리를 다시 한 번 놀라게 했다. 사이공은 프랑스 식민 지배 당시 '동양의 파리'로 불리며 진작부터 개발된 베트남 최대의 경제도시다. 당시 월남은 그런 곳이었다. 낮에는 월남의 정규군이고 공무원이었던 사람이 밤만 되면 월맹군으로 변하는 나라, 얼굴 없는 적과 싸우는 나라, 전선 없는 전쟁의 나라……. 누굴 위해 싸워야 하는지, 무엇 때문에 싸우는 것인지도 모르면서 총을 들고 있는 나라가 월남이었다.

공산주의와 민주주의의 싸움이라는 명분도 그곳에선 한낮 허명에 불과한 것 같았다. 다만 살아남기 위한 약소민족의 몸부림이 정글에 숨어 밖을 향해 총을 겨누고 있을 뿐이었다. 내가 월남에서 본 것은 적자생존의 가혹한 논리였다. 세계의 전쟁사가 모두 그러하지만, 겉으로는 그럴듯한 이유를 대지만 결국은 각 나라 모두 자국의 이익을 위해 싸우고 있는 것이었다. 결국 고통받는 이들은 그 땅에 뿌리 내리고 살고 있는 민초들이었다. 자기 삶의 터전이 전쟁터로 변해버렸을 때 힘없는 국민들은 고통을 고스란히 감수하고 희생될 수밖에 없는 것이다. 그렇게 나는 강제 체포되어 월남에 다녀왔고, 그 이상의 강제적인 처분은 없었다. 월남에 다녀온 후로도 내 이름은 언제나 블랙리스트에 올라 있었지만, 그것은 어쩔 수 없는 시대의 그림자라 여겼다. 나에게 주어진 길은 그렇게 그때는 잘 보이지 않던 어두운 미명에 가려 있었다.

續刊辭

大學의 使命을 再認識하자

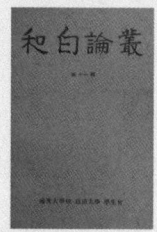

學生會長 朴 商 銀

    대학의 使命은 眞理, 自由의 횃불을 들고 民族과 國家의 갈 길을 밝히는 동시에 全 人類의 平和와 번영에 이바지하는 것일 것이다. 연구하는 敎授를 모시고 젊은이들이 믿음직스럽고 의욕적으로 學究에 몰두할 때 우리 나라는 希望과 번영이 約束될 것이며 大學은 제 使命을 완수하는 것이라 보겠다.

    開化初 이 땅에 大學이 생긴 以後 解放을 맞이할 때까지 우리는 自主的인 大學을 갖지 못했으며 그 후 雨後竹筍같이 亂立한 大學은 學問의 전당으로서의 구실은커녕 社會에 허다한 問題點과 혼란만을 야기시켰던 것이다. 해방 20년간 政界와 社會의 계속적인 혼란은 많은 精力과 時間을 現實참여 내지는 社會참여를 피할 수 없게 하였으며 이것은 現在에도 內在

하고 있는 全世界的인 문제이며 大學의 비극이 아닐 수 없다.

이러한 現實 속에서도 우리 政法大學은 좀 더 高次元的인 問題意識과 知的인 行動으로 不斷히 努力하여 왔으며 짧은 年輪에 비해 비약적인 發展과 많은 유능한 선배를 자랑하고 있는 것이다. 다른 大學보다도 강한 기존 體制에 對한 도전과 社會에 對한 예리한 비판을 하는 한편 學問 탐구에도 선봉의 대열에 섬으로써 명실상부한 大學으로서의 기틀을 마련하기에 여념이 없는 것이다.

靜的, 倫理的인 전통적 社會秩序는 動的, 利己的인 社會體制로 변형하고 있으며 最近에는 不信의 風調가 全 國家를 휩쓸고 있는 것이다.

이 땅에 하루 속히 眞正한 民主主義的 政治體制를 확립하여야 할 것이며, 科學的이며 合理的인 思考에 의한 生活化, 先進 科學技術의 보급은 勿論 富益富, 貧益貧의 현상을 타파하고 人間이 人間으로서의 生活을 할 수 있는 國家를 건설하는 것이 우리의 當面한 과제일 것이다. 이러한 많은 과업을 완수하기 위하여는 銳利한 判斷力과 과감하게 실천할 수 있는 젊은 知性人이 필요한 것이다. 우리 政法學徒는 그 누구보다도 높은 理想과 웅대한 포부를 가졌음은 주지의 事實이다. 그러나 우리는 理想을 높이고 行動을 낮추어서 생활하는 방법을 배워야겠다. 社會가 부르는 眞正한 知性人은 학식과 行動力을 겸비한 紳士를 원하는 것이다. 그렇다면 우리는 아직까지의 行動과 生活에 對한 再認識이 必要할 것이다.

우리는 未來의 主人公이라는 긍지를 갖기 以前에 現在 배우는 사람이라는 것을 항시 머리에 기억하여야 할 것이다. 祖國의 近代化, 즉 政治, 經濟, 敎育, 産業의 發展과 부흥은 分明히 우리들의 손에 달려 있는 만치 우리는 더욱 자중하여 오로지 眞理 탐구에 매진하여야 하겠다. 그럼으로써 믿음이 없는 社會에 믿음의 씨를 뿌리며 혼탁한 이 社會에 光明의 횃불을 높이 들 수 있는 우리가 되어야 되겠다. 어려운 역경 속에서도 勢와 誠意를 다하여 꾸준히 努力할 때 하늘은 우리에게 機會를 줄 것을 믿어 의심하지 않는다.

다시 한 번 우리는 創造하는 大學과 學問하는 大學의 참 모습을 想起하면서 우리의 가야 할 길이 무엇인가를 냉철히 判斷하는 時間을 갖기를 바라는 바이다. 政法學友의 團結과 實力의 培養만이 現在 처하여 있는 우리 大學의 現實을 타파하는 첩경이 아닐까 생각한다. 이러한 때에 우리 和日 11집을 펴는 것은 더욱 큰 의의와 자랑이 아닐 수 없다.

이 책을 펴기 위하여 지도하여 주신 학장님 이하 여러 교수님, 동문회 임원 및 선배 여러분에게 뜨거운 감사를 드린다.

3. 이 나라의 자랑스러운
해군으로 복무하다

해군 장교로 입대하다

어느새 졸업이 다가왔다. 대학 시절 입대하지 않은 나는 졸업 후 사회로 나가기 전에 군대를 다녀와야 했다. 장교로 군 복무를 해야겠다고 결심했다. 군대 가는 시기가 조금 늦은 만큼 군대를 통해 리더십을 키우는 기회를 갖고 싶었기 때문이다. 그리고 섬에 서 태어나 항구도시에서 자라난 나는 해군을 지원하는 것이 당연했다.

그러나 해군 장교로 입대하는 것은 생각보다 쉽지 않았다. 2차 시험까지는 무사히 통과되었지만 신원조회에서 제동이 걸려 3차 시험에서 불합격될 위기에 빠졌던 것이다. 이유는 물론 학생회장 으로 있으며 학생운동에 참여한 이력 때문이었다. 그때 정법대 김 명회 학장님께서 흔쾌히 도움의 손길을 뻗어주셨다. 학장님은 연

해군장교 시절. 바다에서 자란 나는 당연스럽게 해군에 지원했다.

세대학교 선배로서 당시 안기부장으로 계시던 김계원 장군을 만나, 내가 대학 재학 시절 내내 성실한 학생이었고, 학생회장으로서 전체 학생들의 의견을 존중해 데모를 하였음을 대변해주시며 한 젊은이의 미래를 보증해주셨던 것이다.

1971년 5월 1일, 입영열차에 올랐다. 버릇처럼 책을 한 보따리 싸 들고. 나는 군대에 대해 아무것도 몰랐던 것이다. 장교로 복무하면서 책을 읽을 시간이 있으리라 생각했던 그 순진함이라니.

처음 군대에 발을 들여놓은 순간은 마치 영화 〈사관과 신사〉의 첫 장면 같았다. 교관들은 우리 신출내기들을 한 자리에 모아 바로 군복을 입히더니 곧바로 그 자리에서 제식훈련을 시작했다. 차려, 경례, 앞으로 갓, 뒤로 돌아 갓 등과 같은 간단한 동작들이었지만 그 엄격한 분위기만으로도 우리는 이미 군기가 바짝 들었다.

그리고 해군 장교 후보생으로서 바다와의 첫만남은 가히 인상적인 것이었다. 우리는 횡대 대형으로 바다 앞에 섰다. 호루라기 소리와 함께 교관은 큰 소리로 호령했다.

"앞으로이 갓!"

"하나, 둘, 셋, 넷! 하나, 둘, 셋, 넷! 하나, 둘, 셋, 넷!"

우리는 구령을 붙이며 앞으로 나아갔다.

그런데 바다와 마주쳐 출렁이는 파도 앞에 선 우리에게 교관은 더 이상의 명령을 내리지 않는 것이었다. 아무리 기다려도 교관의 입에서 "제자리에 섯!"이라든가 "뒤로 돌아 갓!" 등의 명령이 떨어지지 않았다. 우리는 구호를 외치며 제자리걸음을 했다.

이때 등 뒤에서 교관이 외쳤다.

"동작 봐라! 누가 서라고 했나!"

아직 '앞으로 가'의 명령이 유효한 상태였던 것이다. 우리는 상황을 파악하고 그대로 구령하며 바닷물 속으로 한 걸음씩 들어갔다. 그것이 신출내기 해군들의 바다와의 첫 상견례였다. 우리는 바다 속에서 홀딱 젖은 채 제식훈련을 계속했다.

밤에도 바짝 조인 고삐는 조금도 늦춰지지 않았다. 군복과 군화를 말끔히 말려 빛이 반짝반짝한 상태로 순검을 받아야 했는데, 바닷물에 흠뻑 젖은 군복이 금방 마를 리 없었다. 순검에서 계속하여 불합격을 받고, 또다시 군화를 반짝반짝 문지르고 닦고, 그렇게 새벽녘 날이 밝아올 때서야 우리는 순검을 통과할 수 있었다.

후보생 시절의 고된 훈련

후보생 시절의 훈련은 혹독한 것이었다. 육체적으로도 한계에 부딪힐 뿐만 아니라, 정신적으로도 쉴 겨를이 없었다. 우리는 동기생 132명 전원의 인적사항을 모두 외워야 했다. 그 역시 순검 통과 항목 중 하나였다. 교관이 한 사람을 지목하면 그 후보생의 이름은 물론 출신 학교, 출신 지역 등 모든 인적사항을 줄줄이 댈 수 있어야만 그날 밤의 순검이 완료되었다. 132명 전원이 132명 전원에 대해 하나도 틀리지 않고 왼다는 것은 꽤 어려운 일이어서, 우리는 번번이 단체 기합을 받아야 했고 그런 날 밤은 고된 하루 일과가 쉽게 끝나질 않았다.

해군장교 시절 동료들과 함께(맨왼쪽).

　그러나 생각해보면 그것은 매우 효과적인 단체훈련이었다. 단시간에 많은 동료들을 기억할 수 있었기 때문에 보다 빨리 일체감이 형성되고 전우애가 다져졌던 것이다. 또 후보생들이 다른 데 마음을 쏟을 틈을 주지 않아 더 빨리 군대에 적응할 수 있게 하였다.

　한 번은 함대 사령관께서 면회를 온 적이 있었다. 당시 사령관은 연세대학교 행정대학원을 다니고 계셨는데, 총장님과 학장님께서 내 걱정을 하신 모양이었다. 그런데 사령관님을 만나고 돌아와 보니 내무반에는 비상이 걸려 있었다. 후보생 주제에 벌써부터 바깥에서 빽을 쓰고 다닌다는 것이었다. 결국 나 때문에 단체 기합을 받게 되었는데, 변명은 통할 리 없었다. 동기생들에게 미안한 마음까지 더해져 그날 밤은 꽤 괴로웠던 것으로 기억한다.

후보생 시절 맞기도 많이 맞았다. 4개월 훈련 기간 중 167대까지 엉덩이를 맞아보았으니. 나는 엄살도 부리지 않고 주먹 쥐고 엎드린 채 고스란히 엉덩이를 대고 빠다를 맞았다. 내가 특히 타깃이 됐던 것은 덩치도 큰 데다 연세대학교 학생회장을 지냈기 때문에 우선 내 기를 꺾으려는 의도였던 것 같다.

단체 기합 후에는 짧은 훈시가 이어졌다.

"이 정도의 시련도 견디지 못하고 어떻게 이 나라를 지키는 국군의 간성이 될 수 있겠는가. 힘들어 못 견디겠다는 사람이 있으면 앞으로 나와라, 지금이라도 집으로 보내주겠다."

물론 포기하겠다는 훈련생은 한 사람도 없었다.

"앞으로 더 잘할 수 있겠는가!"

피눈물 나는 지옥훈련 끝에 우리는 더 독이 올라 큰소리로 합창했다.

"넷!"

이 땅의 당당한 해군이 되기까지 눈물겨운 훈련과 지독한 고통

행군 중 찍은 사진.

이 있었지만, 그때 해군사관학교 시절은 내 생애에서 가장 자랑스러운 기억으로 남아 있다. 내 아들도 아버지를 따라 그 길을 걸어준 것이 나는 참 고맙고 자랑스럽다.

추운 겨울을 이기는 대나무처럼

대학을 졸업하고 해군으로 복무하던 그 시절은 내가 미래에 대한 가장 치열한 고민을 하던 때이다. 이제 내가 가야 할 길을 찾아야 했다. 나는 유학을 통해 공부를 계속하고 싶었다. 함병춘 교수님께서 내 유학길을 적극적으로 지원해주셨고, 장학금을 받을 수 있는 기회도 있었으니 결코 불가능하지 않은 꿈이었다.

그러나 나는 입대하고 한참 후에야 내가 다른 동기들과 함께 제대할 수 없음을 알았다. 학생운동을 했다는 이유로 장교로의 입대를 거부당할 위기에 놓였던 나는 장기 지원으로 입대할 수밖에 없었는데, 결국 그 조건이 내 발목을 잡고 말았던 것이다. 장기 지원을 해서 임관한 장교들도 본인이 희망할 경우에는 36개월 만에 제대할 수 있다는 실무자의 말은 막상 군대에 들어오고 보니 현실적으로 거의 불가능한 일이었다. 동기들의 제대일이 몇 달 앞으로 다가왔지만, 나는 군대에 계속 남아야 한다는 걸 알게 되었다.

동기들은 모두 제대 후의 미래를 계획하고 있었다. 그러나 나는 미래에 대한 꿈을 연기할 수밖에 없었다. 그것은 유학 기회를 포기해야 함을 의미했다. 나는 답답한 마음에 함병춘 교수님께 나의 고민을 담은 장문의 편지를 보냈다.

그때 교수님께서는 다음과 같은 편지로 나를 격려해주셨다.

"누구에게나 어려움은 닥쳐오게 마련이다. 이런 때일수록 마음 가짐을 바로 하고 지금의 이 어려움을 잘 견디도록 해라. 추운 겨울을 이기는 대나무도 일 년에 겨우 한 마디씩 자라는 법이다. 한 마디가 자라는 일 년이라는 시간 동안 조금만 비뚤어져도 그 대나무는 하늘을 향해 곧게 자라날 수가 없다. 크게 될 나무는 처음부터 곧게 자라야 한다."

우울한 크리스마스와 연말을 보내며 나는 조금씩 나 자신을 추스르게 되었다. 교수님께서 전해주신 대나무의 교훈은 나에게 자성의 시간을 갖게 했다.

'그래, 더 이상 고민하고 방황만 하고 있을 수는 없다. 내가 할 수 있는 일을 하자. 유학을 가지 못한다면 여기에서 그만큼 유익한 시간을 보내면 된다.'

대학원 공부를 병행하다

나는 입대하기 전 합격해두었던 대학원 공부를 계속하기로 결심했다. 대학원에서 나는 법사회학을 전공했는데, 그것은 대학 시절 법학 공부를 한 단계 더 발전시키기 위함이었다. 그때가 1974년경이었다. 나는 소모적인 고민을 끝내고 행동하기로 했다.

세상의 모든 일은 내가 결심하고 시작하는 순간 그 길을 보여주게 되어 있다. 군에서도 내 상황을 이해하고 해군본부로 발령을 내주어 나는 서울로 올라와 대학원에 다닐 수 있게 되었다. 또 다행스럽게도 해군본부에서 비교적 시간 여유가 있는 수원 병무청에 파견근무를 보내주었다.

나는 수원에 방을 얻어 자취하면서 마지막 군복무와 대학원 공부에 열을 올렸다. 군 생활과 학업을 병행하는 것은 쉽지 않은 일이었지만, 시간을 쪼개고 쪼개어 나에게 주어진 두 임무에 충실해야 했다.

동기들과 함께 제대하지 못하고 2년이라는 긴 시간을 더 군에 남겨진 해군 대위 시절, 처음으로 인생의 슬럼프라 여겼던 그때를 나는 어쨌든 지혜롭게 넘기고 석사 학위를 받는 데 성공했다. 군복무하랴 공부하랴 정신없이 2년을 보냈다. 누구의 도움도 없이 혼자 자취방에서 생활하며 지내는 것은 한편으로는 쓸쓸하기도 하고, 늘 사람들 속에서 시끌벅적 활기차게 지내던 나에게는 좀 답답한 시간이기도 했다. 그러나 밥 먹는 중에도 한 손으로는 끊임없이 법 서적을 뒤지던 수많은 날들, 논문을 쓰며 지새운 많은 밤, 그 시간들도 내게는 소중하다. 어린 학창시절과는 또 다른 진지한 열정으로 하얗게 보낸 그 밤들이 내 인생의 자산으로 차곡차곡 쌓였으리라 믿는다.

4. 나의 가족

내 인생의 반려자

수원에서 군복무와 대학원 공부를 병행하던 그때, 나는 드디어 인생의 반려자를 만났다. 우리는 만난 지 3개월 만에 약혼하고 결혼을 했다.

혼자서 궁상을 떨고 있는 내가 불쌍했는지 한 친구 녀석이 어느 날 나를 불러냈다.

"상은아, 잠깐 나와봐라."

어느 화창한 봄날이었다.

친구는 한 숙녀를 데려와 나에게 소개해주었다. 그녀는 연세대학교 2년 후배로, 사학과 전공의 똑똑하고 단정해 보이는 여성이었다.

선후배 사이라는 공통점 때문인지 우리는 편안하게 대화를 주고받으며 친해질 수 있었다. 연애에 도통 관심이 없던 나였지만 이때만은 왠지 느낌이 달랐다. 그녀는 현대적이고 서구적인 외모와는 달리 성격이 매우 차분하고 동양적인 사고방식을 가지고 있었다. 나에게는 그런 점이 큰 매력으로 느껴졌다. 그녀를 만나면 마음이 더없이 편안해지는 것이었다.

결국 우리는 만난 지 얼마 안 돼 서로를 영원한 영혼의 집으로 삼기로 약속했다. 일본 소설에 이런 구절이 나온다.

"사람이 머물 수 있는 곳은 다른 사람의 마음속밖에는 없다."

나는 그렇게 죽는 날까지 머물 곳을 마련한 것이다.

우리는 집안 어른들의 축복 속에 결혼하고 수원에 신혼살림을 마련했다. 그때 돈 40만 원으로 전세방을 얻어 신혼 생활을 시작한 것이다. 그때 나는 해군 대위로 군 복무하랴 공부하랴 정신이 없던 때였다. 게다가 설상가상으로 신혼 일주일 만에 도둑이 들어 집안에 있는 우산 하나까지 다 들고 가버렸다.

망연자실해 있는 우리에게 처가에서는, 아내가 교편이라도 잡는 것이 어떻겠느냐고 하셨다. 사학과를 졸업한 아내는 당장이라도 학교에서 국사나 세계사를 가르칠 수 있었다. 처가 어른들께서는 젊었을 때 함께 일해 버는 것도 좋은 것이라며 우리를 설득하셨는데, 나는 끝내 아내의 취업을 반대했다. 사내로서의 자존심으로 이 어려운 상황을 끝까지 내 힘으로 이겨내고 싶었다. 내가 전

근대적인 사고방식을 가지고 있어서가 아니다. 다만 어려운 살림 때문에 아내가 쫓기듯 일을 시작하는 것이 싫었던 것이다. 어떻게 해서든 내가 노력하여 가정을 건사하고 싶었고, 그렇게 할 수 있다는 자신감이 있었다. 아내는 곧 나의 그런 마음을 이해하고 내 뜻을 따라주었다.

그 꿈 많은 신혼 시절, 나는 군 복무에 논문 준비에 눈코 뜰 새 없는 시간을 보내며 아내와 제대로 된 데이트 한번 하지 못했다. 그것이 지금껏 아내에게 미안하다. 결혼 초기부터 전세방을 전전하며 시작한 살림살이로 이사 다니기 바빴고, 제대 후 곧바로 시작한 직장생활로 또다시 일에 남편을 빼앗겨야 했으니. 그래도 묵묵하게 내 곁을 지키며 우리 가정을 아름답게 가꾸어준 아내에게 감사한 마음이다. 게다가 하나님께서 주신 귀한 생명의 선물, 형준이와 형인이를 이토록 건강하게 잘 키워주었으니 그 고마운 마음은 이루 다 표현할 수 없다.

든든한 응원군이 되어준 아내

아내는 불평 한마디 없이 내가 가는 길에 언제나 든든한 응원군이 되어주었다. 내가 후에 인천시 정무부시장이 되었을 때, 첫 출

188

근 날 아내는 나를 불러 세워 말없이 봉투를 내밀었다. 봉투 안에
는 저금통장이 하나 들어 있었다.

웬 통장이냐고 묻는 나에게 아내가 말했다.

아내와 함께 (2006년).

"제가 드리는 용돈이에요."

나는 용돈이라는 말에 깜짝 놀랐다. 용돈이라는 단어는 나에게 너무나 생소한 것이었다. 나는 그때껏 아내에게 정기적으로 용돈을 받아본 적이 없었다. 대학원 졸업 후 회사에 들어가 월급을 받게 되면서 나는 동전 하나 건드리지 않고 고스란히 아내에게 바쳤고, 집안 살림은 전적으로 아내가 알아서 챙기고 있었다. 나는 회사 일로 바빠 따로 용돈도 필요 없었다. 회사와 관계되지 않은 내 일이라는 것이 없었기 때문이다. 다만 가끔 돈이 필요할 때는 아내에게 말해 달라고 하면 되었다. 그런데 갑자기 꽤 많은 돈이 들어 있는 통장을 내미니 당황하지 않을 수 없었다.

출근길에 열어보니 봉투 속에는 아내의 짧은 메모도 함께 들어 있었다.

"축하해요, 당신. 아니 부시장님. 오늘부터 당신은 나라의 녹을 먹는 공복이십니다. 더 잘 해내실 것이라는 저의 믿음을 함께 담아드립니다."

저녁에 집에 돌아와 아내에게 물어보았다.

"여보, 돈이 필요하면 그때마다 달래서 쓰면 될 텐데, 용돈이라며 목돈을 줄 일이 뭐가 있소?"

그러자 아내가 이렇게 대답했다.

"당신이 사장일 때야 그렇지만, 부시장 월급으로 그렇게 쓸 수 있겠어요?"

나는 예전에 아버지가 하신 말씀이 기억났다.

"성직자라도 원만하게 하나님 영광 가리지 않고 잘하려면 최소한 집에 세 끼 먹을 것은 마련해놓아야 한다."

아내는 아버지와 같은 뜻을 말하고 있는 것이었다.

공무원으로서 행실을 바로 하려면 어느 정도의 경제적인 안정이 필요하다고 여긴 것이다. 주머니에 돈이 없으면 혹시라도 공직을 수행하는 데 방해가 될까 하는 염려에, 미리 든든하게 내 주머니를 채워주고자 했던 것이다. 또 이제는 월급이 줄어 예전과 같지 않으니 씀씀이에 각별히 주의하라는 뜻도 담겨 있었다.

아내는 언제나 이렇게 나를 세심하게 챙겨주었다. 나도 생각지못한 부분까지 배려하여 내가 일에 열중할 수 있도록 내조하였다. 내가 일에 미쳐 전 세계를 누비고 다닐 수 있었던 것도, 지금 국회의원으로서 열정적으로 이 나라와 지역주민들을 위해 봉사할 수있는 것도 이런 알뜰한 아내의 보살핌 덕분이다.

우리 가족의 보석

형준이와 형인이가 태어나면서 나는 인생의 또 다른 장을 맞았다. 아버지로서의 인생이 시작된 것이다. 아이들이 인생의 보배라는 것을 나는 아버지가 되어서야 비로소 깨달았다. 우리 가정은 굳건한 믿음 위에 지어진 따뜻한 보금자리였다.

하지만 지난 세월을 가만히 되돌아보면 일이 바빠 아이들과 많은 시간을 보내지 못했다. 당시 대한민국의 가장들은 대개 그러했다. 1990년대 초까지만 하더라도 자상하고 친구 같은 아버지상이라는 것은 좀처럼 상상하기 힘든 것이었다. 그러나 이런 변명이, 아빠가 가장 필요한 시기에 아이들과 함께 있어주지 못한 그 시간들에 대한 보상이 되지는 못할 것이라는 걸 잘 알고 있다. 이제 다자라 어느새 내 품을 떠나는 아이들을 보면, 예전 학교 다니고 한창 아빠랑 뛰어놀고 싶을 때 같이 있어주지 못했다는 사실이 얼마나 후회가 되는지 모른다. 그때는 그런 것들이 이렇게까지 많이 후회될 줄 몰랐다.

아이들이 다녔던 유치원은 일 년에 한 번씩 아버지와 함께 유치원에서 반나절을 보내는 행사를 했다. 함께 공작물도 만들고, 운동장에서 놀기도 하는 날이었다. 하지만 나는 이 날도 큰아이와 함께 유치원에 가지 못했다. 나 대신 당시 대학생이었던 아이 외삼촌이 함께 하루를 보냈다.

미안한 마음에 회사 업무를 마치고 빨리 집에 와보니, 아이는 처음 보는 노란 축구공을 가지고 마당에서 혼자 놀고 있었다. 외삼촌이 사 주었다고 했다. 일 년에 한 번밖에 없는 그 날을 아빠와 함께하지 못한 아이의 서운함이 얼마나 컸을지, 두고두고 미안한 마음이었다.

대학원 졸업 후 바로 회사에 입사해 해외로 출장을 다녀야 했던 나는 그 후로도 이런 아이들의 행사에 잘 참석하지를 못했다. 아이들의 졸업식에 처음부터 끝까지 참석한 적이 한 번도 없을 정도로 시간 여유가 없었고, 업무 특성상 국내에 붙어 있기도 힘들었다. 단상에 올라가 전교생을 대표해서 상을 받는 졸업식인데 아빠가 보아주지 못했으니 얼마나 서운했을까.

가족은 나의 힘이다

나는 해외출장을 갈 때마다 아이들에게 그 나라의 상징적인 건물 등이 담긴 우편엽서를 꼭꼭 보내주었다. 먼 곳에서 아버지가 너희들을 그리워하고 있음을 한 장의 우편엽서에 담아 보냈던 것이다.

프랑스에서는 에펠탑의 전경을, 영국에서는 버킹엄 궁전을 지키는 왕실 근위병의 모습을, 스위스에서는 비행기에서 내려다본 눈 덮인 알프스 산맥의 모습이 담긴 엽서였다. 그런 우편엽서에 아버지가 어떻게 지내고 있는지, 출장을 와 있는 나라의 문화는 어떠한지 간략한 설명도 해주고, 엽서 말미에는 엄마 말씀 잘 듣고 건강하게 지내라는 당부를 잊지 않았다.

2000년 말이었던가, 한 여성지 기자가 우리 가족을 인터뷰하기 위해 찾아왔다. 나와 내 아내를 인터뷰하던 기자는 두 아이 모두를 명문대에 진학시킨 비결이 무엇이냐는 질문으로 화제를 돌렸다. 그리고 급기야는 아이들까지 인터뷰를 진행하는데, 아버지에 대해 이야기해달라는 기자의 요구에 큰아이가 문득 그 해외 엽서 이야기를 꺼냈다.

"어린 시절 앨범 속에 아버지가 해외출장 길에 보내주신 엽서들이 한가득 꽂혀 있습니다."

큰아이가 이어서 말했다.

"엽서의 끝은 항상 이렇게 끝났어요. '생일인데 아빠가 함께 있어주지 못해 정말 미안하구나. 엄마가 잘 챙겨주리라 믿는다. 내년 생일엔 아빠가 꼭 같이 있어주마.' 하지만 다음 엽서를 읽어보면 그 엽서도 똑같은 구절로 끝났어요."

아버지가 커가는 아이들의 마음을 채워주지 못했던 것이다. 그 말을 듣고 나는 겸연쩍게 웃었지만 마음속으로는 매우 당황스러웠다. 나는 꽤나 신경 써서 바쁜 와중에 보낸 엽서였지만, 매번 지키지 못할 약속을 하고 아이들을 그렇게나 서운하게 만들었다는 것을 그제야 알게 된 것이다. 미안한 마음을 말로 표현할 수가 없었다. 그러나 아이들은 이미 부쩍 커버려, 이제는 아버지의 품이 아닌 세상 밖으로 나가 자기 인생을 개척할 나이가 되어버렸으니……

큰아이는 대학에 들어가서 맞은 첫 번째 방학을 미국에서 보냈다. 그 아이가 어렸을 때부터 알고 지내던 나의 부하직원이 있었다. 그런데 그가 뉴욕 지사장을 맡고 있어, 큰아이를 뉴욕에서 만난 모양이었다.

부하직원이 나에게 전해준 이야기가 나의 가슴을 찡하게 했다. 큰아이가 이런 말을 했다는 것이다.

"지금도 운동장에서 아빠와 놀고 있는 아이들의 모습을 보면 그렇게 부러울 수가 없어요. 하지만 지금은 그럴 수밖에 없었던 아빠를 이해할 수 있을 것 같아요."

어느새 이렇게 커버렸을까. 어느새 커서 아빠를 이해할 수 있는 나이가 되었을까.

이렇게 아버지가 늘 부재중이었음에도 불구하고 우리 두 아이들은 정말 어디에 내놓아도 자랑스러울 정도로 잘 성장해주었다. 물론 아버지의 부재가 무관심이 아님을 이해하고, 비뚤어지지 않고 잘 자란 것은 전적으로 아내의 공이었다. 아내는 경우에 따라 아빠의 역할까지 해가며 나의 부재를 메워주었고, 아이들은 정말

바르게 잘 자라주었다.

두 아이는 모두 가고 싶어하던 대학에 가서 원하는 공부를 했다. 둘째 아이는 모교를 끔찍이 사랑하는 엄마, 아빠의 뜻에 따라 자신의 뜻을 접고 고맙게도 연세대학에 진학해주었다. 저희 오빠는 부모의 바람을 저버리고 서울대를 택했는데, 물론 그것도 고마운 일이다.

그런데 우리는 지금도 식탁에서 가끔 이런 농담을 한다. 나와 아내와 딸아이 모두 큰아들에게, "아마 연세대에 원서를 냈으면 떨어졌을 거야!" 하면서 말이다.

지금까지 우리 가족을 돌봐주신 하나님께 감사드리고, 앞으로도 아이들이 행복하게 자기 길을 걸어갔으면 하는 바람이다.

5. 이 땅의 산업화를 이끌다

사장처럼 일하는 신입사원

나는 대한제당에서 오랫동안 근무하고 훗날 대표이사 자리까지 올랐지만, 처음 사회생활을 시작했을 때는 다른 젊은이들과 마찬가지로 일개 신입사원에 불과했다. 회사에서는 나를 본사 핵심부서인 무역부에 발령을 냈고, 나는 입사한 지 일 년도 안 돼 중동지역으로 혼자 출장을 가게 되었다. 나중에 들은 얘기지만, 사원한 사람만의 독자적인 해외 출장은 내가 처음이었다고 한다. 그것을 영광으로 생각해야 하는지 어떤지도 모른 채, 나는 나에게 주어진 임무이니 최선을 다했다.

목적지는 아랍에미리트의 두바이였다. 두바이 지사에서 3일을 지내고 두 번째 목적지인 도하를 방문했는데, 도착하자마자 갑자기 배가 아파 견딜 수가 없었다. 이유도 알 수 없이 창자 한쪽이 끊어질 듯 아파왔다. 당시 그곳에는 한국의 건설업체들이 진출해 있어, 나는 정우개발의 현장 캠프에 연락을 해 응급조치를 부탁했다.

한 의사가 내 상태를 보고 맹장이나 아니면 결석인 것 같다며 왕립병원으로 데려가 진찰을 받게 했는데, 진단 결과는 요도결석이었다. 의사 선생님은 진통제를 주며 나에게 빨리 귀국할 것을 권했다. 서울대학교병원 교수인 손위 처남에게 전화를 걸어 자초지종을 설명하자, 역시 귀국하는 것이 좋겠다고 했다. 무엇보다 통증이 심각했고, 자연 배설을 기다리다가 더 큰일을 겪을 수도 있었기 때문이다.

나는 회사에 연락하고 바레인으로 나와 홍콩행 비행기를 기다렸다. 새벽 2시, 혼자 공항에 앉아 생각을 해보았다. 이대로 떠나도 될까? 회사 일에 지장을 줄 텐데……. 이번 출장을 위해 얼마나 많은 사람들이 고생했는가……. 지금은 해외여행이 매우 자유롭지만, 그때만 해도 여권 발급 자체가 마치 큰 특권처럼 여겨지던 때였다. 게다가 운동권 출신인 나는 여권 발급 받기가 더욱 쉽지 않았다. 외무부에서는 중앙부처 국장급이나 공무원의 보증을 요구했고, 지인 분들의 도움을 받아 겨우 발급받은 여권이었다. 그때 도와주셨던 분이 당시 국회의원이었던 전 국회의장 이만섭 선배님과, 교통부 기획관리실장이었던 정영훈 선배님이다.

지금 내가 아무런 성과 없이 돌아간다면 회사에서는 또 한 번

경비를 들여 출장을 보내야 할 테고, 그러면서 지체되는 시간은 어떻게 하겠는가. 내 선택은 정해져 있었다. 나는 정해진 일정을 다 수행하고 귀국하기로 결심했다. 홍콩행 비행기를 취소하고 회사로 연락해 이곳에서의 일을 끝마치고 가겠다고 보고하자, 본사에서는 깜짝 놀라며 당장 귀국하라고, 권고가 아닌 명령을 내렸다. 오랜 역사를 지닌 만큼 보수적이었던 우리 회사는 모든 직원이 한 식구라는 인식이 매우 강했다. 물론 이것이 내가 회사에서 반평생을 보내고 열심히 일한 이유이기도 하다.

"지금 즉시 철수하고 서울로 돌아와!"

"지금은 괜찮습니다. 많이 좋아진 것 같습니다. 의사가 맥주나 물을 많이 먹다 보면 자연유출되는 경우도 있다고 했습니다."

"글쎄, 돌아오라니까! 너 그러다가 타국 땅에서 비명횡사하고 싶어? 미련한 소리 말고 즉시 돌아와!"

"곧 좋은 결과가 있을 것 같습니다. 지금까지 어렵게 버텼는데 이제 와서 빈손으로 돌아갈 수는 없습니다."

나는 계속해서 고집을 부렸다.

"박상은이! 거긴 우리보다도 후진국이야. 손도 못 써보고 쥐도 새도 모르게 죽을 수도 있어. 입찰에 성공해도, 성공했다고 보고해줄 사람이 없으면 그게 무슨 소용이 있냐!"

"그래도 전 못 갑니다. 일을 마치고 가겠습니다."

그러자 급기야 사장님이 나서서 직접 전화하여 소리를 질렀다.

"내가 오라면 냉큼 돌아오는 거지, 무슨 말이 그렇게 많아! 임마, 네가 사장이냐?"

여기서는 나도 주춤할 수밖에 없었다. 그러나 정말이지 빈손으로 돌아갈 수는 없었다. 나는 단호하게 대답했다.

"네, 그렇습니다. 지금 여기서는 제가 사장입니다. 일을 마치고 돌아가서 보고하겠습니다."

나는 사장님의 대답도 듣지 않고 수화기를 내려버렸다.

진통제를 먹고 사우디아라비아로 날아갔다. 3천만 달러짜리 세계 최대 규모의 케이블 입찰과 가전제품 판매를 위한 길이었다. 진통제와 물과 맥주의 힘에 의지해 열흘 동안 버틴 결과, 일은 성공적으로 끝마쳤고 출장이 끝나기 전에 결석도 몸 밖으로 배출되었다. 이 독한 놈, 하며 내 몸을 빠져나가준 것 같았다. 그 후 계속해서 카이로로, 리비아 트리폴리로, 나이지리아로 이동하며 한 달간의 일정을 모두 마칠 수 있었다.

그때 나는 얼떨결에 "그렇습니다. 여기서는 제가 사장입니다."라는 말을 뱉었지만, 생각해보면 직장생활을 하는 내내 그런 마음가짐이었던 것 같다. 한 번도 월급을 받아 가기 위해 일한다거나, 내 할 일만 하면 그만이라는 생각을 하지 않았다. 나는 언제나 주인처럼, 사장처럼 일했다. 어떤 직급에 있을 때나 나에게 가능한 일, 불가능한 일, 나보다 직급이 높은 사람이 책임져야 할 일 등을 따지지 않았다. 그런 생각이 이후 직장생활에서 꾸준히 나의 추진력이 되어주었다.

지금도 그 생각에 변함이 없다. 공직에 있는 사람들은 일에 소극적이라든가, 다른 부처에 미루기만 한다고 생각하는 이들이 있는데, 나는 내 스스로 그런 것을 아주 싫어한다. 일 앞에서 내 일, 남의 일 따지는 것 자체가 내 성격에 맞지 않는다. 그래서 나는 늘 일을 만들고 다니는 편이다. 일 좋아하는 사람, 일에 묻혀 살 팔자라고 지인들의 우스갯소리도 듣지만, 도전하고 성취하는 맛을 아는 이들은 이해할 것이다. 나에게 주어진 일 앞에서 절대 움츠러들거나 멈출 수 없고, 그것을 다 끝냈을 때의 성취감은 세상의 그 어떤 안락함과도 비교할 수 없이 짜릿하다는 것을 말이다.

괴짜라 불리는 사나이

나는 열정적인 사람이다. 한 기업에서 신입사원부터 시작하여 대표이사까지 한 계단 한 계단 올라갈 수 있었던 것은 내 안에 있는 열정 덕분이었다. 나는 지금도 저돌적이고 직설적이라는 소리를 듣는다. 해야 할 일 앞에서 미적거리는 행동은 절대로 참을 수 없다. 옳지 않은 일에 대해서 아무 말 없이 순응하는 것도 참을 수 없다. 할 일은 해야 하고, 바꿔야 할 것은 바꿔야 직성이 풀린다. 의원직에 있는 지금도 그것은 변하지 않는 내 철칙이다.

대한제당에서 대리인가 과장인가로 있을 때였다. 당시에 나는 원당(原糖)의 구매 및 수출 등 해외 영업을 담당하고 있었다. 선물시장(先物市場)에서 원자재를 사고 파는 것이 주요 업무였다. 지금은 우리나라에도 선물시장이 생겼고 선물거래사라는 직업도 있지만, 그때만 해도 국내에서는 매우 생소한 업무였다.

당시 주요 선물시장은 런던과 뉴욕에 있었기 때문에 나는 새벽 1시에서 3~4시까지 전화통을 붙들고 씨름해야 하는 날이 많았다. 낮에는 회사에서 일하고 돌아와 밤에는 전화통을 붙잡고 있어야 하니 체력적으로도 여간 힘든 것이 아니었다. 하지만 더 큰 고충은 당시 우리나라 통신기술이 너무 열악하다는 데 있었다.

국제전화를 한번 하려면 광화문에 있는 국제전신전화국에 전화를 걸어 내 전화번호와 통화를 원하는 상대 전화번호를 알려주고 통화신청을 한 다음, 연결이 되기까지 20~30분을 기다려야 했다. 선물시장은 본래 일분일초가 다르게 빨리 돌아간다. 잠깐 사이에 가격이 오르락내리락하는 것이다. 당시에도 선진국들은 집전화로 바로 국제전화를 할 수 있었으니 우리가 경쟁이 되겠는가. 20~30분 후에 교환원이 국제전화를 연결해주면 시황은 이미 달라져 있었다. 톤당 가격이 300달러임을 확인하고 상부로부터 1천 톤을 구매하겠다는 결재를 받은 후 전화 연결을 하면, 이미 310달러로 가격이 인상해 있었던 것이다. 다시 결재를 받고 전화하면 또 가격이 어떻게 달라져 있을지 알 수 없는 상황. 한심하지 않을 수 없었다. 그렇다 보니 매일 교환원들에게 고래고래 소리를 지르는 날이 계속됐다.

그러나 우리나라가 아직 인프라가 제대로 구축되지 않은 탓이지 그것이 교환원들의 잘못이겠는가. 그래서 또 명절 때면 선물 꾸러미를 싸 들고 전화국을 찾아갔다. 목소리로만 알고 지내던 교환원에게 가서 사과하고, 감사 인사를 하고 선물을 건넸다.

새벽마다 국제전화를 신청하며 교환원들과 신경전을 벌이는 나는 국제전신전화국에서 꽤나 유명인물이 된 모양이었다. 언젠가는 교환실을 찾아갔을 때 나를 알아본 여직원이 말하는 소리를 들었다.

"얘, 저기 괴짜 나타났다."

이런 생활이 계속되던 그때 우리 집 한 달 통화료는 200만 원이 넘었다. 그 시절에 이 정도 통화료는 어마어마한 것이었다. 급기야 나는 대한전선 비서실의 내사를 받는 처지가 되었다. 나와 함께 선물거래 업무를 담당하고 있던 이명식 대리도 함께 내사를 받았다. 업무용으로 사용했다고 하나 겨우 대리, 과장급인 사람이 그 정도의 통화를 했다는 것이 이상하게 여겨졌던 것이다.

우리나라 기업들의 열악한 환경에 가뜩이나 화가 났던 나는 조사팀에게 실망감을 표시하였다. 잠도 못 자고 밤낮으로 일하는데 별도의 칭찬이나 보너스는 못해줄망정 이처럼 의심부터 하는 경우가 어디 있느냐며 큰소리로 대들었다.

나는 이때 인프라 구축이 우리나라 경제성장에 무엇보다 절실한 사항임을 깨달았다. 이 문제로 당시에 대통령을 면담한 일도 있었다. 답답한 마음에 청와대에 진정서를 제출했던 것이다. 우리나라의 열악한 통신 상황과 그에 비교되는 외국의 상황을 설명하고, 그것이 산업에 미치는 영향을 호소했다. 그리고 국제경쟁력 강화에 필요한 통신 시스템 개선안을 첨부했다.

이런 상황을 정부에서도 공감하고 있었던지, 청와대에 들어가 부연 설명을 하라는 요청을 받았다. 나는 관련 비서관들이 배석한 자리에서, 내가 현장에서 겪고 있는 국제통화 사정을 이야기하고 시급한 개선의 필요성을 설명했다.

젊은 시절에 나는 그랬다. 할 것은 하고, 바꿀 것은 바꿔야 하는 저돌적인 성격이었다. 일개 회사 과장이 청와대에 통신 시설 개선을 요구하고 나섰으니, 나도 참 물불 안 가리는 젊은이였다. 물론 지금도 그 성격은 여전하지만 말이다.

북한으로 끌려 갈 뻔한 사연

나는 무역 부서에서 근무를 하면서 해외로 돌아다니는 일이 많았다. 워낙 밖으로 뻗어나가는 것을 좋아했던 내 성질이 다른 사람들의 눈에도 뜨였던 것인지, 신입 시절부터 자주 출장 업무가 주어졌다.

출장 중에는 웃지못할 에피소드도 많았다. 해외 생활에서 겪는 현지적응 문제나 음식, 또는 긴 해외출장으로 인한 외로움 등은 굳이 말할 것도 못 된다. 긴 출장으로 가족들과 시간을 함께하지 못한 것이 안타까울 뿐, 내가 해외에서 겪는 사소한 문제들은 대수롭지 않게 넘길 수 있었다. 그러나 이런 나도 오금이 저릴 정도로 두려운 순간이 있었으니, 바로 케이블 수주를 위해 리비아 트리폴리에 갔을 때였다.

당시에 리비아는 우리에게 잘 알려지지 않은 곳이었다. 게다가 북한과 아주 강력한 유대관계를 맺고 있었기 때문에 우리에게는 적성 국가로 분류되던 나라다. 트리폴리에 도착한 그 순간부터 긴장의 연속이었다. 북한인들이 호텔방으로 전화를 걸어 죽기 싫으면 당장 떠나라고 협박을 하고, 심지어는 담당 정부부처의 장관 비서실에 앉아 있을 때도 쫓아와 협박을 하고 갔다.

다행히 별일 없이 업무를 마치고 다음 행선지인 카사블랑카로 가기 위해 트리폴리 공항에 갔는데 결국 일이 벌어졌다. 수속을 마치고 대합실에서 잡지를 보고 있는데 먼발치에서 누군가 나를 주시하고 있었다. 나는 조금씩 불안해지기 시작했다.

그가 나에게 다가왔다. 그는 리비아군 장교였는데, 내가 보고 있는 잡지의 표지 인물이 자신들의 적성국가인 이스라엘의 현역 장군이라며 문제를 삼는 것이었다. 그러고는 나의 여권과 비행기 표를 빼앗고 공항 사무실까지 동행할 것을 요구했다. 이 위기를 어떻게 벗어나야 할지 알 수가 없었다. 공항 사무실에 바짝 긴장하고 앉아 있는데 리비아 장교가 내 여권과 비행기 표를 책상 위에 놓아둔 채 밖으로 나가 북한군 무관과 이야기를 나누었다. 저들은 무슨 이야기를 하고 있는 것일까?

비행기 일정표를 보니, 카사블랑카행 다음 비행기는 소피아행이었다. 불가리아라면 구소련의 대표적인 위성국가다. 저들이 나를 억류해두었다가 소피아로 끌고 가려는 것일까? 그렇다면 그다음 수순은 북한행? 순간 아내와 아이들의 얼굴이 떠올랐다. 아직 딸아이의 "아빠" 소리도 듣지 못했는데……. 스피커에서는 "Mr. Park"을 찾는 안내방송이 계속 흘러나오고 있었다. 마지막 탑승 안내라는 소리를 듣고 나는 자리에서 벌떡 일어났다.

책상 위의 여권과 비행기 표를 낚아채 무작정 뛰었다. 주위가 어수선하고 소란스러웠던 것밖에는 기억나지 않는다. 나는 트랩을 단숨에 뛰어올라 내 손으로 비행기 문을 닫고 그대로 복도에 주저앉아버렸다. 지금 생각해도 아찔한 순간이다.

민간 외교사절로서

국제 선물시장을 런던과 뉴욕이 주도하던 때라 내 출장지는 런던이 될 때가 많았다. 그렇게 출장을 가면 나는 민간 외교관으로서의 임무도 충실히 수행했다.

지금처럼 한국인 관광객이 많던 때도 아니었다. 그러니 난생 처음 한국인을 만나게 된 사람들도 많았고, 나는 그들에게 한국에 대한 좋은 인상을 심어주고자 노력했다.

영국무역상사 직원들과 함께 테니스를 치고 조깅도 하며 조금씩 친해지게 되었다. 그러다 어느 날은 무역상사 직원이 나를 집으로 초대하였다. 그는 자기 부인이 한국에 대해 잘 알고 있다며 무척 반가워했다.

그러나 부인은 나를 보고 이렇게 첫인사를 하는 것이었다.

"한국이 일본 옆 대륙에 붙어 있는 작은 반도국가죠?"

부인은 또 물었다.

"전쟁 후에 남북으로 나뉘어 있죠? 당신은 북쪽에서 왔나요?"

당시 유럽 사람들의 인식은 일본은 알아도 한국은 잘 몰랐고, 남한보다 북한이 더 발전해 있다고 여기고 있었다. 물론 북한이 자기들의 선전을 열심히 했기 때문이기도 하지만, 우리에 대한 유럽인들의 인식은 그 정도밖에 되지 않았다.

나는 매우 실망했지만 차근차근 우리나라에 대해 설명해주었다. 이렇게 한 사람에게 알리는 것이 쌓이고 쌓여 국제무대에서 우리나라의 위상이 높아지고, 우리에 대해 바로 알릴 수 있을 거라 생각했기 때문이다. 나는 실제로 비즈니스에서도 낮은 국가신인도로 인해 많은 어려움을 체감했었다.

국제 선물거래는 최소 3개월에서 최대 2년 정도 뒤의 물건을 미리 계약하는 것이다. 그런데 잘 알지도 못하는 나라와 쉽게 거래를 하려는 기업이 별로 없었다. 그런 기업들을 상대로 우리나라를 알리면서 계약까지 따내는 것은 정말 어려운 일이었다.

게다가 일본 기업들이 우리의 국제 신용이 약하다는 것을 이용해 중간에서 보증을 서주고 몇 퍼센트의 커미션을 챙기기도 했다. 그들은 우리 대한제당이 저희 기업보다 크고 탄탄한 기업임을 알고 있었다. 그러나 영국인들은 일본인의 보증을 받고야 우리를 신뢰했던 것이다. 그런 거래를 해야 하는 것이 어찌나 분하던지.

나는 업무상 만난 영국인들을 한국에 초청해, 본격적인 한국 알리기를 시도했다. 영국무역상사 직원들을 부부동반으로 초청하여 한국 관광을 시켜준 것이다. 우리의 수도 서울이 얼마나 발전되었는지를 직접 보여주고, 제주도와 같이 아름다운 지역으로 데려가 우리나라가 얼마나 살기 좋고 매력 있는 국가인지를 알려주고자 했다. 1980년대 초는 서울이 눈부신 발전을 이루던 때다. 영국 바이어들은 활기 찬 거리와 높은 빌딩들을 직접 보고 나서야 한국의 발전을 체감하는 듯했다.

나는 그들을 대한제당 본사와 공장에 데려갔다. 깔끔한 건물에서 양복을 입고 외국 바이어들에게 친절하게 영어를 구사하는 직원들을 본 그들은 꽤 놀라워했으며, 그것은 우리에 대한 인식을 완전히 바꾸는 계기가 되었다. 이렇게 바이어와 그 가족을 서울로 초대한 후로 우리는 회사 이미지와 신뢰도를 일거에 쇄신하고 일본과 대등한 입장에서 경쟁할 수 있게 되었다. 오히려 우리 기업의 이미지가 더 좋아져 일본 상사들의 부러움을 사기도 했다.

그 뒤 1983년이 되서야 우리는 드디어 한국은행 신용장으로 거래할 수 있게 되었다.

해외 자원 확보를 위해 뛰다

회사에 몸담고 있을 때 나의 주된 관심은 언제나 해외 자원 확보에 있었다. 자원이 있는 곳이라면 어디든 날아갔는데, 문제는 우리나라와 외교를 맺지 않은 나라들이었다. 그중 하나가 쿠바다.

예전 사람들이라면 쿠바라는 이름에서 옛 영화에서 본 하바나의 멋진 풍경을 떠올릴지도 모르겠다. 하지만 쿠바라는 나라에서 빼놓을 수 없는 것은 바로 설탕이다. 쿠바는 세계 제일의 설탕 생산 국가로, 국가 전체 수출량의 90퍼센트를 설탕이 차지하고 있을 정도다. 쿠바 하면 시가나 커피를 먼저 떠올리는 사람들이 많지만, 쿠바 경제에서 시가나 커피가 차지하는 비중은 소소한 것에 불과하다. 쿠바에는 정부 부처로 '설탕부'가 따로 있을 정도로 설탕이 주 생산물인 국가다. 설탕부는 우리의 농림수산부와 동일한 위상의 기관으로, 설탕이라는 단일 품목의 생산과 수출을 위해 정부중앙부처가 설치되어 있을 정도이니, 그 중요성이 얼마나 큰지 짐작할 수 있을 것이다.

그러나 아쉽게도 우리는 쿠바와 직접 설탕 거래를 할 수 없었다. 정치, 외교적인 이유였다. 지금은 그 색채가 많이 흐려졌지만, 쿠바는 북한의 대표적인 우방국이고, 미국의 적성국이었다. 그래서 쿠바의 설탕이 필요한 경우 직접 거래하지 않고, 일본 등의 기업에 수수료를 지급하고 꼭 필요한 만큼만 간접 거래 형태로 구입해야 했다.

그런 와중에 우리에게 좋은 기회가 왔다. 쿠바 정부가 설탕부

창립 40주년 행사에 나를 공식 초청한 것이다. 그러나 우리나라가 여전히 쿠바와 외교를 맺고 있지 않았기 때문에 걱정이 되었다. 트리폴리 공항에서 일어났던 일도 떠올랐다. 그러나 우리 회사에 좋은 기회가 될 일을 포기할 수는 없었다. 그리하여 나는 민간인으로서 최초로 쿠바를 방문한 한국인이 되었다. 나는 카스트로 대통령과 직접 만나 양국 간 직접 교역에 관해 의견을 교환했다. 이어 실무자들과 접촉한 결과 직접 교역이 성사될 가능성이 보였다.

그런데 뜻하지 않게 일본 상사들이 제동을 걸어왔다. 우리가 자신의 파이를 건드리려 하는데 가만히 있을 일본이 아니었다. 일본은 로이터 통신에 우리가 쿠바와 직접 교역을 개시할 것이라는 정보를 흘렸고, 쿠바와 가장 가까이 자리하고 있는 미국 플로리다 주의 주요 일간지에 이 사실이 대서특필되었다. 당시 쿠바와 미국 양국 간의 긴장은 절정에 달해, 미국은 쿠바에 강력한 경제제재 조치를 취하고 있었다. 국내 기업은 물론 모든 자유주의 국가의 기업들에게 쿠바와의 거래를 중단할 것을 요구하고 있었다. 그러니 우방국인 우리가 쿠바와 교역한다는 데 미국이 가만히 보고만 있을 리 없었다.

결국 미 국무부에서 주미 한국 대사관에 이에 대한 해명을 요구했고, 나는 매우 곤란한 상황에 처했다. 그러나 포기할 수는 없었다. 나는 한국 정부에 쿠바는 잠재력이 큰 시장이라는 점을 납득시키고, 이 기회에 무역관을 설치해야 한다고 강력하게 주장했다. 외무부와 국가안전기획부에 공문을 보내 정황을 설명하고 설득하자, 드디어 외무부 미주국장이 쿠바를 방문하기로 쿠바 정부와 합의하기에 이르렀다. 그러나 얼마 후 쿠바의 미국 항공기 격추 사건이 일어나면서 우리나라와 쿠바와의 관계는 또다시 얼어붙고 말았다.

이후에도 나는 쿠바를 방문하고 협상을 계속했으나 끝내 직접 교역은 이루어지지 않았다. 그러나 순수 민간기업으로서는 처음으로 쿠바에 들어가 양국 간 가교 역할을 할 수 있었다는 것은 의미가 있었다. 지금 우리나라는 쿠바와 여전히 직접 교역이 어렵지만 몇 개 기업이 쿠바와 간접 무역을 진행 중이며, 무엇보다 여행이나 문화·예술 교류 등 민간 차원의 교류가 활발히 이루어지고 있다.

중국과의 교역

사료 생산을 주된 사업영역으로 하고 있던 우리 회사는 중국 또한 탐나는 원자재 생산국 중 하나였다. 그러나 중국과는 그 당시에 북한을 사이에 두고 예민한 정치적 문제가 얽혀 있어 교역이 쉽지 않았다. 역시 일본은 중국에서도 일찍부터 안정적으로 옥수수를 공급받고 있었는데 말이다.

중국에 관심이 많던 나는 1980년대부터 홍콩을 통해 계속해서 중국의 문을 두드렸다. 중국과 정식으로 수교가 이루어진 것은 1992년이었다. 우리에게는 매우 반가운 소식이었다. 나는 부지런히 중국을 드나들며 거래를 성사시키기 위해 노력했다. 결국 한중 간 수교가 이루어진 그 해에 우리는 중국 톈진에 '천진채홍사료'라는 이름의 사료 생산 회사를 설립할 수 있었다.

아울러 우리는 중국 양유공사(糧油公司)에 대한 투자지분을 확보했다. 양유공사는 우리나라의 농림수산부와 같은 역할을 하는 공기업이다. 양유공사에서는 식용유 생산 공장을 설립하면서 외자를 유치하려 했는데, 이때 우리가 천진채홍사료를 교두보로 하여 이에 참여했던 것이다. 이로써 중국에서 우리 회사의 입지는 확고해졌고, 중국 정부로부터 연간 100만 톤의 옥수수 수입권을 보장받게 되었다.

이러한 일련의 과정을 거치며 나는 '재계의 중국통'이라는 별명을 얻기도 했다. 나는 더욱 밀어붙여 중국 북경에 파파이스를 진출시키는 데 성공했고, 또 국내 업계에서는 최초로 북한에 사료를 수출하기도 했다.

내가 공산주의 국가들과의 교역에도 적극적으로 나섰던 것은, 경제 교류를 통해 양국 간의 관계 발전에 이바지할 수 있다는 생각에서였다. 나는 이후 헝가리나 폴란드, 우크라이나, 우즈베키스탄과 같은 구소련의 위성국가들로 행보를 넓혀나갔다. 기업인들의 이러한 노력이 쌓이다 보면 북한과의 관계에도 희망의 빛이 보일 것이란 기대도 있었다.

최근에는 우리나라 기업들이 옛 공산주의 국가들과도 많은 교역을 진행하고 있고, 지금 웬만한 수입품은 모두 '메이드 인 중국'이다. 지금과 같은 성과를 얻기까지 나의 노력이 조금이나마 보탬이 되었다면 그것으로 기분 좋은 일이다.

평범한 직원이 최고경영자가 되기까지

나는 신입사원으로 시작해 그 회사의 대표이사 자리까지 올랐다. 37세 되던 해, 입사 10년 만에 최연소 이사로 승진하며 그룹 내에서 전무후무한 기록을 세웠다. 그리고 45세가 되던 1995년에 그룹의 주력기업인 대한제당의 대표이사를 맡게 되었다.

나는 기획실장으로 있을 때부터 축산 수직통합사업, 양돈 수직통합사업, 건설, 골프장, 톈진사료공장, 화학, 생명공학, 환경사업, 파파이스 사업 같은 다양한 신규사업에 도전했고 12개의 계열사를 주도적으로 만들었다. 덕분에 1985년 당시 1,900억 원에 불

과했던 TS그룹 매출은 1999년 1조 2천억 원 수준으로 6배나 급상
승했다. 파파이스는 사업을 시작한 지 6년 만에 16년이나 된 KFC
를 앞질러 패스트푸드업계에 화제를 뿌리기도 했다.

기업인으로 있을 때도 나는 현장을 발로 뛰고 직접 몸으로 부딪쳐
문제를 해결하였다. 1996년, 현장 방문에서.

결국 45세의 젊은 나이에 최고경영자가 되었으니, 이런 승승장
구를 보고 혹자는 평범한 사람의 성공 신화라며 추켜세운다. 사실
우리나라의 기업은 대개 가족끼리 경영권을 세습하는 경향이 있
다. 그런 분위기 속에서 평직원으로 입사한 내가 대표이사 자리에
올랐으니 인간승리니 성공 신화니 하는 이야기가 나올 법도 하다.

그러나 나는 대표이사 자리가 인생의 성공이라고 생각하지도 않으며, 따라서 그것이 대단한 인간승리라고 생각하지도 않는다. 나는 어느 자리에 있든 그 일의 주인은 자기 자신이라고 생각할 뿐이다. 따라서 과장이든, 부장이든, 이사든 자기 자리에 충실함으로써 그 조직의 주인이라 여긴다.

일은 그 일을 하고자 하는 사람에게 주어지는 법이다. 그만한 역량과 자신감을 가진 사람에게 더 큰 일을 요구하게 되어 있다. 어떤 마음가짐과 성실성으로 임하는가 하는 기본적인 자세가 사람을 크게 키우기도 하고 더 작게 움츠러들게도 만든다. 항상 중요한 것은 일을 대하는 자세다.

내가 생각해보아도 나는 성격이 직설적이고 다혈질이다. 나는 스스로 일을 벌이고 바쁘게 뛰어다녀야 직성이 풀린다. 한가롭게 앉아 있는 것은 나 스스로 견디지 못한다. 가능성이 보이는 일이라면 적극적으로 뛰어들어 크게 벌이고 밀어붙이는 것을 좋아한다. "TS그룹 산하의 10여 개 계열사들은 전부 다 박상은이가 저지른 일이다."라고들 하는 것도, 그런 계획을 세우고 추진할 때마다 언제나 내가 맨 앞에 서 있었고 무모할 만큼 열정적으로 덤볐기 때문일 것이다.

지금 돌아보아도 괴짜라는 소리를 들으며 일할 때가 가장 행복했다. 일에 미친 듯이 매달려 끝장을 보는 것이, 그 성과가 뿌듯함을 안겨준다. 초창기 대한제당의 규모는 다른 계열사에 비해 보잘 것없었던 게 사실이다. 세상에는 대한전선이라는 이름만 알려져 있었을 뿐, 우리 회사 내에서조차 대한제당은 일개 작은 사업부 정도에 지나지 않았다. 그러한 제당 사업을 본궤도에 올려놓기까지 나는 괴물 소리를 들으며 동분서주했다.

인천의 생산설비를 제대로 된 공장으로 확장 건설하는 한편 원당 선물시장에 집중했다. 가격의 등락폭이 매우 큰 원당의 성공적인 구매가 제품 가격에 결정적 요인이 되며, 거기서 바로 회사의 승패가 갈리기 때문이다.

드디어 설탕이 본격적으로 생산되고 대한제당의 이름으로 제품이 나왔으나 국내에서 매출을 올리는 데는 한계가 있었다. 나는 제품 샘플을 들고 해외로 돌아다니기 시작했다. 홍콩으로, 동남아로, 영국으로 도깨비처럼 날아다녔다. 밤에는 광화문 전신전화국 교환실을 온통 벌집 쑤셔놓은 것처럼 들쑤시고 다음 날엔 홍콩이나 필리핀으로 날아가 있었다. 그때는 일개 과장 신분으로 그렇게 억척스럽게 회사 일에 매달렸던 것이다.

곧 우리 회사는 1억 달러 수출을 달성했다. 그때 당시로는 참으로 대단한 성과였다. 당시 우리나라 연간 수출이 100억 달러를 기록하고 있었으니, 한 회사에서 단일품목으로 1억 달러 수출을 달성했다는 것은 정말로 놀라운 일이었다. 이 일로 대한제당은

1980년 국가로부터 수출산업포상을 수상하고, 이듬해에는 동탑산업훈장을 받았다.

긍정적이고 열정적인 마음자세가 한 조직을, 나아가 한 나라를 더 선진적이고 아름다운 곳으로 만든다. 그러한 믿음은 지금도 그대로이다. 그 생각이 나를 앞으로 나아가게 하는 힘이다. 나는 앞으로도 쉬지 않을 것이다. 나를 필요로 하는 곳이라면 어디든 멈추지 않고 나아갈 것이다.

6. 국가를 위해

인천광역시 부시장 시절

　기업인으로 쉬지 않고 달리다 보니 어느덧 나도 지천명이라는 나이가 되었다. 참으로 열심히 달렸다. 나의 삶은 언제나 길 위에서 땀 흘리며 달리는 매일의 연속이었다. 후회 없이 달려온 인생이었다.

　한 기업의 CEO는 한 개인만을 생각할 수 없는 삶이다. 언제부턴가 나는 나와 내 가족의 안위를 넘어, 이 사회와 국가를 생각하는 위치에 이르렀다.

　그리고 새천년이 시작된 2000년, 나의 인생에 새로운 변화가 시작되었다. 인천시에서 정무부시장으로 와달라는 제의가 들어온 것이다. 인천상공회의소를 비롯한 인천 지역의 기업인들이 만장일치로 나를 추천했다고 했다. 시정에도 경영 마인드가 필요하다

미국 독립선언문이 낭독되었던 역사적인 장소 필라델피아 시의회 본회의장에서
(2000년).

는 인식이 생겨나던 시점이었다. 인천을 잘 알고, 인천에 대한 애
정이 깊으며, 한 기업을 성공적으로 이끈 경험이 있는 내가 그 적
임자라 여긴 모양이었다.

　처음에는 망설여졌던 게 사실이다. 그동안 기업 경영의 길만을
생각하며 달려왔고, 평생 몸담아온 회사였다. 내 젊음을 바쳐 일한
곳이었기에 그만큼 회사에 대한 애정도 깊었다. 나는 인천시의 제
안을 고사하며 한 달간의 유럽 출장길에 처음으로 아내를 동행시
켰다. 진지하게 심사숙고하고 올바른 결정을 내리기 위해서였다.

기업을 운영하면서, 아직 우리 사회에 개선할 점이 많고 변화가 절실하다는 것을 느껴온 나였다. 또 기업인의 시각으로 바라보았을 때 할 수 있는 일의 영역이 있다는 생각이 들었다. 나는 그동안 사회로부터 받은 혜택을 돌려줘야 할 때가 왔다고 확신했다. 지금까지 나와 가족과 회사를 위해 일해왔다면, 이제부터 남은 반평생은 이 사회를 위해 내가 해야 할 일을 하는 것이 나의 소명이 아닐까. 나는 드디어 인천행을 결심했다.

인천시청으로 출근을 시작하면서 생각한 것이 있다.

'인천을 최고의 상품으로 만들겠다.'

기업경영이나 행정이나 결국은 같은 것이다. 그 안에 소속되어 있는 사람들이 잘살게 하는 것. 인천을 살기 좋은 환경으로 만드는 것. 이제는 국가도 경영하는 시대다. 하물며 도시는, 특히 인천과 같은 산업도시는 더 말할 필요도 없다.

막상 일을 시작해보니 인천에는 송도 테크노밸리 사업 지연 문제, 재정 문제, 재래시장 노후화 등 급히 해결해야 할 일들이 쌓여 있었다. 여러 가지 현실적 난점에 가로막혀 많은 업무가 지지부진한 상태로 거의 진행되지 않고 있었다. 나는 정체된 시정업무에 팔을 걷어붙이고 나섰다. 언제나 그랬듯이 발로 뛰기 시작했다. 공무원이 되었으니 편안히 사무실에 앉아 일을 처리하겠다는 생각은 애초에 없었다. 그런 것은 내 성질에 맞지 않았다.

인천시와 산업자원부는 송도에 테크노밸리를 조성하고, 중앙 벤처기업들과의 연대를 통해 정보, 지식, 생명, 유전공학 등으로 대표되는 첨단과학 산업단지로 개발한다는 기본계획을 갖고 있었다. 그러나 내가 정무부시장에 부임했을 때는 이미 이 계획이 사실상 무산되어버린 상태였다.

나는 당초 서울시청 앞 플라자호텔에서 송도 테크노밸리 사업 설명회를 개최하려던 계획을 전면 수정하여, 인천에서 유치 설명회를 열도록 지시했다. 인천의 땅을 팔려는데 서울로 불러들인다는 것은 말이 안 되었다. 초청장은 정치인이 아닌 기업인들에게 보내도록 했다. 입주 희망 업체, 입주 가능 업체와 같은 관련 기업인들에게만 발송하도록 했다.

이들을 인천 송도비치호텔로 불러 모아, 나는 안내책자를 배포하고 직접 나서서 그들이 송도로 와야만 하는 이유를 설명했다. 그들이 옮겨왔을 때 어떤 이득이 있는지를 기업인의 입장에서 구체적으로 설명해주었다. 커피도 한잔씩 대접하고 자그마한 기념품도 들려 보내고, 그렇게 하고도 예산은 남았다. 그리고 땅은 백 퍼센트 팔렸다.

전시성 행정과 관례만 고집하다 보면 큰돈을 들이고도 성과는 보잘것없다. 하고자 하는 목적에 맞게, 가장 효율적인 방법으로 일을 진행하는 것이 경영 마인드다. 나는 마치 일하는 시범을 보이기라도 하듯 밀린 시정을 빠르게 해결해나갔다. 어찌 보면 인천시에서 나를 부시장으로 영입한 것도 그런 분야의 능력을 발휘하기를 바랐기 때문이었을 것이다. 서울과 중앙 재계에 폭넓은 네트워크를 형성해왔고, 기업 CEO로 있는 동안 마당발로 소문이 났으며, 전 세계를 돌아다니며 세계적인 기업들을 상대한 경력이 있는 내가 세계적인 산업도시로 발돋움하려는 인천에 필요했던 것이다. 나는 그 기대에 부응하여 인천 세일즈맨을 자청하고, 기업을 경영할 때와 마찬가지로 혼신의 힘을 다해 인천의 발전을 위해 뛰어들었다.

대한민국 경제통상 대사 시절

2005년, 나는 외교부 경제통상 대사로 발탁되었다. 대사는 1992년에 처음으로 도입된 제도로, 민간인 신분을 유지하며 국제회의 참석, 해외 순방활동 등을 한다. 무보수 명예직이라고 일컫는 이 대사라는 직책은 개인의 이익보다는 사회와 국가를 위해 봉사하는 자리다. 민간인이라는 신분이 오히려 통상외교 활동에서 운신의 폭을 넓히고, 경색된 국제관계에 윤활유 역할을 한다는 점에서 내가 할 수 있는 일이 많을 듯 보였다. 게다가 외자 투

2005년, 반기문 당시 외교통상부장관으로부터 경제통상대사 임명장을 수여받았다. 당시 반기문 장관과 함께.

자유치는 내 전공 분야가 아닌가.

과거 상공부가 산업자원부와 외교통상부로 바뀌면서 통상 문제를 중점적으로 다루는 부처가 없어졌고, 경제통상대사의 역할은 매우 중요했다. 갈수록 통상교섭의 중요성은 커지고 있는 시점에서 외교부는 통상교섭 실무에 약하고, 외자유치를 담당하고 있던 재정경제부도 전문성이 떨어졌다. 경제통상대사는 부처 간 이런 약점을 만회하기 위한 자리였고, 외자 유치와 통상 진흥이 경제통상대사의 주요 임무였다.

따라서 그때도 세계 각지를 돌며 국가경제를 위해 동분서주 바쁘게 뛰어다녔다. 미 부동산개발회사인 게일인터내셔널을 국내에 유치하는 데 성공했고, 매틀린패터슨사의 자금투자를 이끌어낸 것이 당시에 이룬 성과였다.

나는 미국 뉴욕과 캐나다를 방문해 인천 송도국제도시 건설에 참여하고 있는 스탠리 게일 게일사 회장과 존 하인스 사장, 그리고 오리온전기 인수업체인 매틀린 패터슨 회장 등과 외자유치 관련 회의에 참석했다. 또 '통상투자진흥 활동 민간분야 대표단' 단장으로 브라질을 방문하여 양국 간의 교역 및 투자 분야 협력 증진을 논의하고, 동국제강 슬래브 공장 착공식에도 참석했다. 브라질과의 인연은 그 후로도 이어져, 다음해 봄에는 GS칼텍스 등 민간 에너지 투자단을 이끌고 재차 브라질을 방문했다.

당시 국제 유가가 천정부지로 치솟자 정부는 바이오 에탄올을 2008년부터 상용화한다는 방침을 세우고 있었다. 바이오 에탄올은 휘발유에 에탄올을 섞은 혼합연료다. 브라질은 1980년대부터 이미 사탕수수 원당을 발효시켜 만든 에탄올과 휘발유 혼합연료를 사용하기 시작해, 그때 당시 브라질 운송 연료의 20% 이상을 담당하고 있었다. 나는 호베르투 호드리게스 브라질 농림부 장관을 만나 에탄올 혼합연료의 한국 도입을 논의했다. 그리고 호드리게스 농림부 장관과 에탄올 제조회사 USACUCAR사 관계자들로부터 "한국에 연간 에탄올 혼합연료 수요량 500만 배럴을 공급할 능력과 의향이 있다."는 답변을 받아냈다.

자원 확보를 위한 외교는 매우 중요하다. 미국이 이라크나 아프가니스탄 등을 공격한 것도 여러 이유가 있겠지만 따지고 보면 자원전쟁의 일환이라고 볼 수 있다. 나는 브라질에서 에탄올을 확보한 데 이어 곡물이나 축산물, 광물 자원을 확보하기 위한 노력도 꾸준히 진행했다.

2006년 11월에는 주요 플랜트 진출 지역인 아랍에미리트 등 중동 5개국을 순방했다. 플랜트 수출은 기술, 건설, 설비 세 가지가 함께 동반하기 때문에 수출산업의 꽃이라 불린다. 당시 우리도 비싼 인건비와 물류비용 등으로 단순 상품 수출은 더 이상 경쟁력이 없고, 이러한 산업은 중국을 비롯한 신흥 공업국들에 이양될 수밖에 없는 시점이었다. 그리고 그 대안은 플랜트 수출이었다.

플랜트는 프로젝트에 따라 파이낸싱이 연결되고, 설계와 현지인 초청 국내 기술 교육, 국내 고급기술자 현지 시운전·교육 등이 연결돼 있어 그 부가가치는 단순한 수출금액으로 계산할 수 없는 것이다. 따라서 범정부적인 대책과 지원이 필수적으로 수반돼야 하는 분야인 것이다. 나는 경제통상 시절뿐 아니라 훗날 18대, 19대 국회에서도 플랜트 산업에 대해 꾸준히 관심을 갖고, 특히 해양플랜트 산업 육성에 힘을 기울였다.

오리온전기 매각에 대해

당시 국내 3위, 세계 6위의 브라운관 업체인 오리온전기가 경영 악화로 인한 어려움에 처해 있었다. 오리온전기는 1965년 설립되어, 68년 일본 도시바와 기술제휴하여 국내 최초로 흑백 TV 브라운관을 생산한 전통 있는 회사다. 내가 처음 대한전선에 입사할 때 오리온전기가 대한전선 산하에 있었기 때문에 나와는 개인적인 인연도 깊은 회사였다.

오리온전기의 해외매각 소문은 몇 년 전부터 나돌고 있었다. 한때는 대우 계열사 중 가장 우량한 재무구조와 영업실적을 기록했던 오리온전기가 대우사태를 맞으며 워크아웃을 신청하고, 끝내 정상화가 불가능한 상태에 이른 것이다. 게다가 대대적인 구조조정으로 인한 노사대립, 전면파업으로 제품의 납부기일조차 지키지 못하고 있었고, 누적된 적자로 회사 운영자금은 바닥을 보이는 한계 상황이었다.

결국 오리온전기는 2003년 최종부도를 내고 법정관리를 신청했다. 오리온전기를 인수하겠다고 나섰던 효성과 코오롱에서 일괄매각 조건을 받아들일 수 없다며 끝내 입찰을 포기하자, 오리온전기는 해외 기업에 입찰을 개방했다. 그러자 미국의 구조조정 전문회사 매틀린패터슨사가 나섰다. 2004년부터 시작된 매각 협상이 해를 넘기고 2005년에 가서야 겨우 체결되었다.

그러나 이때 또다시 복병이 나타났다. 최대 채권자인 서울보증보험이 매각금액이 낮다며 매각을 반대한 것이다. 협상은 무산 위기에 처했고, 오리온전기는 청산 절차를 밟게 되었다. 게다가 매틀린은 서울보증을 상대로 거액의 손해배상청구 소송을 준비하고 있었다.

오리온전기의 운명이 초미의 관심사가 되고 있던 그때, 나는 긴밀하게 움직이기 시작했다. 민간기업의 매각 작업에 정부에서 공식적으로 개입하기 힘들어 상대적으로 부담이 적은 내가 각 주체들의 입장 조율에 나선 것이다. 임직원의 고용 문제와 오리온전기가 보유한 기술적 측면 등을 감안하면 국가적 차원에서도 회사를 살려야 한다고 생각했다.

나는 매틀린패터슨사와 서울보증보험, 오리온전기를 각각 접촉하여 원만한 해결을 촉구했다. 채권단 내부의 복잡한 이해관계를 중재하고 적극적으로 설득에 나섰다.

결국 서울보증보험은 재실사에 들어가, 매각을 긍정적으로 검토하기 시작했다. 백지화 얘기까지 나오던 오리온전기 매각은 그렇게 일단락되었다. 게다가 당초 인수자금 1,200억 원보다 더 많은 자금을 추가로 투입하겠다는 약속까지 받아냈다.

이로써 청산 위기에 놓였던 오리온전기는 극적으로 회생하게

되었다. 다음 날 나는 오리온 대표이사 유재활 사장으로부터 감사
패를 받았는데, 종업원 고용의 전원 승계를 약속받은 후라 그 감
격은 더욱 컸다.

7. 18대, 19대 국회의원 박상은

2008년 세계금융위기 속에 18대 국회의원으로 당선되다

인천에서 내가 해야 할 일이 있음을 확신한 나는, 2008년 총선에서 인천 중·동·옹진군 지역으로 출마하였다. 국가와 민족에 내 남은 생과 열정을 바치기 위해서였다. 예비후보 당시 인천 최고였던 9대 1의 경쟁률을 뚫고 공천을 받아, 47.0%의 득표율로 당선되었다. 나는 그렇게 대한민국 18대 국회의원이 되었다.

2008년, 막중한 자리에 앉게 된 나의 어깨는 무거웠다. 2008년에는 고유가와 더불어 미국발 세계금융위기로 우리나라가 장기적인 경기침체에 빠질 위험에 직면해 있었다.

외환위기 10년 만에 또다시 닥쳐온 세계금융위기는 경제난 해결의 임무를 띠고 출범한 새 정부와 경제 살리는 국회의원을 자처했던 나에게도 큰 부담이었다.

그러나 이런 시점에 국민들의 선택을 받은 것 또한 나의 숙명이 아니겠는가. 국민들이 기업경영인 출신의 국회의원을 원한 것은 그만한 성과를 기대한 것이리라. 나는 앞으로의 4년간 임기 동안 우리 국민들을 위해 어떤 일을 해야 할지 생각했다.

　"그래, 경제다. 우리가 이 위기를 또 한 번 극복하기 위해서는 정치권과 재계와 국민들이 똘똘 뭉쳐 경제를 살려야 한다. 나는 우리 국민들의 저력을 믿는다.

　지난 1998년 직원들을 한 사람도 거리로 내치지 않기 위해 최선을 다했듯, 이제 나는 우리 국민들이 단 한 명도 추운 거리에서 떨지 않도록 내가 할 수 있는 모든 일을 하겠다. 경제를 살리겠다.

인천에서 나고 자란 나는 남은 생을 인천 주민들을 위해 일하겠다고 다짐했다.
2008년 소무의도에서.

그동안 내가 살아온 인생은 바로 지금을 위해 준비해온 것인지도 모른다."

국민들이 나에게 거는 기대가 무엇인지 짐작할 수 있었다. 그해 2월, '선진화를 통한 세계일류국가'를 비전으로 삼고 이명박 정부가 새롭게 출범했고, 당시는 침체된 국가경제를 살리는 것이 무엇보다 시급한 과제로 인식되던 때다. 재계에 오랫동안 몸담아온 나에게 주어진 역할이 무엇인지……. 내 가슴이 다시 한 번 뜨거운 사명감으로 불타올랐다.

자원외교와 통상외교 활동

임기가 시작되자마자 국내외 분위기는 심상치 않았다. 연초부터 유가가 연속 급등하더니 급기야 3차 유가파동이 오는 것 아니냐는 우려가 심각하게 제기되었다. 어민들은 치솟는 기름값을 감당하지 못해 아예 생업을 포기하고 배를 묶어두고 있는 형편이었다.

바로 이때 국회에서 '전략적 자원·에너지 외교' 정책간담회가 열렸다. 우리나라는 석유와 천연가스 등의 에너지를 전적으로 해외수입에 의존하고 있고, 더구나 자원 부국들과 외교적인 관계가 취약한 편이다. 그들과 외교관계를 강화하고 유가 폭등에 대비하

World OKTA(Overseas Korean Traders Association) 미주대회를 마치고
미 민주당 하원 원내총무 짐 클라이번과 함께(2010년).

기 위해서는 보다 적극적인 에너지 외교가 필요한 시점이었다.

기업을 운영하며 현장에서 느낀 바가 있었던 나는 이 자리에서, 자원외교에도 산업계 현장에서 축적된 정보와 경험을 적극 활용해야 한다고 주장했다. 정부와 국회, 산업계 현장을 연결하는 정책 네트워크를 구성해 자원·에너지 외교의 실질적인 성과를 얻어내야 하며, 이를 위해 국회에 '자원·에너지 외교 특별위원회'

오사카에서 열린 한일 사회문화 심포지엄에서 '한일관계 100년 성찰과 과제'를 주제로 기조발제를 하고 있다.

를 구성하자고 제안했다.

통상외교 분야에서 내가 해야 할 일이 많았다. 외자유치와 자원외교에 나름대로 전문가를 자부하던 나였기에, 국회에서도 그런 나의 이력은 쓰임이 많았다.

인천에서 개최된 한중미래포럼에 발제자로 참석하여, G2로 부상하고 있는 중국과의 미래지향적 한중관계를 모색하면서 한중 FTA, 인적 네트워크 강화 등 양 국간 전략적 동반자 관계의 구체

234

적인 현실화 방안을 제안했다.

  뉴욕으로 날아가 한미 FTA 촉구 결의대회에 참석하고, 워싱턴으로 날아가 당시 오바마 민주당 후보를 만나 한미동맹 강화 방안과 북핵문제에 대한 의견을 교환했다. 그러고는 또다시 뉴욕으로 가서 반기문 유엔 사무총장을 접견하고 기후변화 문제를 논의했다. 그리고 다음에는 도쿄로 날아가 한일 포럼에 참석했다.

  파리에서 개최된 한불미래포럼에서는 한국의 녹색성장을 이야기하고, 기후변화와 전 지구적인 환경문제에 조응하여 녹색뉴딜을 통해 친환경 신성장동력의 가능성을 제기했다. 또 스페인 코르도바에서 개최된 한-스페인 포럼에 참가하여 '한국의 공공외교'

2009년, 프랑스에서 열린 한불미래포럼에서
현오석 부총리(당시 KDI 원장), 김효석 의원, 강만수 기획재정부 장관,
임성준 국제교류재단 이사장, 정진석 의원과 함께.

2009년, 한·중미래포럼에 참석하여.

에 대해 발제했다. 이날은 미겔 앙헬 모란티노스 스페인 외교협력
부 장관과 회동하여 우리나라의 국가브랜드 제고와 국격 및 국가
경쟁력 상승에 대한 의견도 교환했다.

국토위 활동

나는 굵직한 현안들을 해결하기 위해 국토해양위에 들어갔다.
당시 국회의원 당선자들이 2명에 1명꼴로 배속받길 원했던 곳이
다. 그만큼 우리 경제를 위해 해야 할 일이 많은 곳이었다. 민자로

유치된 인천공항고속도로 국가회수 문제, 수도권의 과도한 규제 완화 문제, 장기 미집행 도시계획시설 추진 문제 등……

돌이켜보면 2008년 우리 경제는 어려움과 난관이 그 어느 때보다 많았다. 다음 연도 경제성장 전망 또한 매우 어두웠다. 국제금융시장의 불안과 실물경제 위축으로 우리 경제의 성장을 주도하고 있는 수출이 대폭으로 둔화됐고, 물가와 고용 같은 서민경제에도 어두운 그림자가 드리우고 있었다. 불투명한 대내외 경제환경이 지속되면서 정부의 정책 방향과 재정의 역할이 그 어느 때보다 중요한 시점이었다. 국민의 관심과 염원이 경제불안 해소와 경기 회복에 모이면서 정부재정의 적극적인 역할과 서민경제 안정을 위한 재정지원에 대한 관심도 높았다.

나는 경제위기를 극복하기 위한 대안으로 성장 동력 창출의 근간이 되는 SOC(사회간접자본) 및 R&D(연구개발) 투자 확대를 주장했다. SOC 투자는 경기회복과 성장잠재력 효과가 클 뿐만 아니라, R&D 투자와 더불어 성장 동력 창출의 근간이 되는 예산인 만큼, 정부 재정 여건이 허락하는 한 대폭 확대해야 한다는 생각이었다. 나는 이를 국정감사나 대정부질문에서도 일관되게 주장하며 예산 확보를 위해 싸웠고, 그런 나의 의견이 적지 않게 받아들여져 지금 추진되고 있는 많은 SOC 사업의 기반이 닦여졌다.

또한 나는 수도권의 경쟁력을 저해하는 수도권정비법을 폐지하

대정부질의에서 나는 정부의 사업을 검토하고 실행 가능한 대안을 제시하기 위
해 노력한다.

고 지방발전특별법을 제정해야 한다고 계속하여 주장했다. 수도권 경쟁력은 대한민국 국가경쟁력의 핵심이다. 수도권의 발전을 제약하는 것이 곧 지방의 발전을 보장하는 것은 아니다. 나는 균형발전의 이상보다는 선택과 집중을 통해 효율성을 극대화하는 것이 지금의 현실적 과제임을 정부와 국민들에게 이해시키기 위해 노력했다.

또한 수십 년간 관행처럼 굳어져온 주택공사의 탈법을 바로잡기 위한 메스를 들었다. 주택공사의 수상한 비용, 택지확보경비에 대해 파헤친 것이다. 막대한 부채를 안고 있는 주택공사가 매년 수십억 원의 예산을 직원들이 먹고 마시는 데 쓰고 있었다. 이를 국회에 고발함으로써, 토지공사와 합병하여 통합공사로 새롭게 태어나는 LH공사가 낡은 구태를 떨궈내고 일신하는 계기를 마련하였다.

나는 항만이나 공항, 도로, 철도 같은 사회 기반 인프라 구축에 못지않게 사회 전반적인 안전시스템을 구축하는 것도 또 하나의 중요한 국가적 과제임을 지적했다. 사회 안전시스템이 얼마나 잘 구축되어 있는지 여부가 선진강국으로 가는 도약의 기반이기 때문이다. 예측 불가능한 사회, 위험이 상존하는 사회는 건강한 사회가 될 수 없다.

임진강 방류사고에서 인명피해가 발생했을 당시, 비가 많이 온다는 이유로 홍수경보시스템이 마비되어버린 어처구니없는 사태를 지적하고, 시민안전을 최우선으로 하는 사회 안전시스템을 구축할 것을 강력하게 요청했다.

보건복지위 활동

복지 논쟁이 한창이었던 2010~2011년을 보건복지위원회에서 보내며 나는 '지속가능한 복지', '성장과 함께하는 복지'를 화두로 내세우고, 이를 통해 공정사회를 구현하고 미시적 안전망을 구축하는 복지정책을 수립하도록 하는 데 온 힘을 쏟았다. 또 급증하는 복지수요에 맞춰 한정된 자원을 어떻게 효율적으로 배분하고 집행할 것인가에 대한 대안을 제시하기도 했다.

당시 관련 공무원들을 바짝 긴장시켰다고 하는데, 나는 일생을 통해 국가경쟁력 강화와 재정운용의 효율화를 모색해온 사람이다. 복지 또한 국가재정이 제대로 운용되고 있는지, 효율적으로 집행되고 있는지의 측면에서 접근하여 날카롭게 실태를 파헤쳤다. 수요예측을 잘못해 신종플루 백신 700억 원어치가 폐기처분되는 예산낭비 실태를 고발하고, 해외원정출산에 따른 국부유출이 연간 750억~2,100억 원에 달한다는 분석자료를 공개 해 이중

국적보유자가 보육료 및 교육비 지원, 건강보험 혜택 등 내국인과
동등한 권리를 누리는 복지혜택이 과연 정당한가 하는 문제제기
를 하였다.

또 국민연금 기금운용 부문을 별도의 기금운용공사로 독립시켜
야 함을 주장했는데, 당시 국민연금의 기금규모가 300조가 넘어
서고 있었다. 국민연금 규모가 GDP에서 차지하는 비중이 30%,
주식시장에서 차지하는 비중이 4.4%로 그 중요성이 매우 큰 데
비해 기금운용에 있어서의 전문성은 부족했다.

따라서 이 부문을 별도 공사로 독립시켜 전문성을 강화해야 할

나는 직접 현장을 조사하고 확실한 자료를 바탕으로 국정감사에
나서는 것을 원칙으로 하고 있다.

필요성을 피력한 것이다.

기초의료서비스는 서민생활 안정을 위해 빼놓을 수 없는 요소다. 민간의료가 도시로 치우치는 실상을 감안하면 의료서비스에서 소외되고 있는 지역에서의 공공의료 확대는 정부가 중점적으로 추진해야 할 중차대한 정책과제다. 전국의 많은 농어촌이 보건소나 약국조차 변변치 않은 실정인데 공공의료조차 도시 위주로 확충되는 것은 국가가 의료 사각지대를 방치하는 행태라고밖에는 볼 수 없었다. 이에 나는 '공공의료'를 넘어 '공정의료'로까지 정책 목표를 확대할 필요성을 강력하게 제기했다.

또한 상비 의약품을 동네 슈퍼에서도 쉽게 구할 수 있도록 하자고 주장했는데, 이 문제는 2011년도 복지부 신년업무보고에서 이명박 대통령이 직접 언급함으로써 세간의 주목을 받았다. 약국은 서민들에게 가장 가까운 의료서비스 기관이다. 전문 의약품은 의사의 처방에 따라 약사가 조제해야겠지만, 상비 의약품들은 동네 슈퍼에서도 편리하게 구입할 수 있어야 한다는 것이 내 생각이었다.

나는 또한 건강보험 생계형 체납을 결손처분하여 의료 사각지대를 해소하도록 촉구했으며, 어린이집 보육교사 처우가 열악하다는 점을 부각해 처우 개선책을 이끌어냈다. 또 한편 고소득 전문직 종사자의 국민연금 허위 납부 의혹과 건강보험공단의 개인

의료정보 관리 소홀 문제도 지적했다.

19대에는 다시 국토위에 소속돼, 지금은 또다시 SOC 사업 전반
과 국가사업에서의 예산 확보, 예산 낭비 실태 감시 등 내 전공 분
야로 돌아와 있다. 나는 지금도 국가경쟁력 강화와 지역경제 발전
을 위해 열심히 달리고 있다.

자원외교를 위해 세계를 돌아다니던 경제통상대사 시절,
터키 원자력발전소 현장에서(2006년).

우리나라와 함께 세계에 남아있는 두개의 분단국 중 하나인 한국 아일랜드 의원
친선단장으로 새누리당 심재철, 민주당 원혜영, 신기남 의원, 주 아일랜드 김창엽
대사와 Belfast 평화의 벽 방문.

"남북분단의 아픔을 담아 북아일랜드 평화의 벽에 소원을 담아 본다."

"부르다가 내가 죽을 이름"

내 고향 남쪽 바다/ 그 파란 물 눈에 보이네/ 꿈엔들 잊으리요/
그 잔잔한 고향 바다/ 지금도 그 물새들 날으리/ 가고파라 가고파
어린 제 같이 놀던/ 그 동무들 그리워라/ 어디 간들 잊으리요/
그 뛰놀던 고향 동무/ 오늘은 다 무얼 하는고/ 보고파라 보고파

노산 선생의 '가고파', 학창시절 경인선 열차를 타고 인천서 서
울로 통학하면서 기차간에서 너무나 많이 부르던 노래입니다.

연세춘추 3층 다락방에서 라면으로 생활하면서 윤동주 선배의
"별 헤는 밤"을 읊조리곤 했습니다. 백양로와 청송대를 한밤중에
헤매이며 "일송정 푸른솔은"으로 시작하는 '선구자' 노래로써 순

간순간 약해지려는 나의 의지를 털어내고 강인하고 굳센 의지를
되잡곤 했습니다.

고향 석모도로 돌아가고 싶을 때가 얼마나 많았고, 그리운 어머
님 곁에 머물고 싶은 때가 얼마나 많았는지 모릅니다. 포근한 어
머님 곁에 누워 따뜻한 보살핌을 받고 싶어했던 때, 갯골에서 헤
엄치며 놀고 싶어했던 때는 또 얼마나 많았는지. 망둥이 낚시로
시간가는 줄 모르고 같이 뛰놀던 친구들 생각도 납니다.

아버지는 그 어려운 건강상태에서도 바람이 부는 날이면 집 앞
마당에 나가 손수 만드신 큰 연을 띄워주시고, 또 집 앞 큰 논에
물을 대어 얼음을 얼리고 썰매를 만들어 동네친구들과 밖에서 뛰
놀게 해주시면서 우리 형제들에게 강한 정신과 형제애를 가르쳐
주시곤 했습니다.

어릴적 아버지 그리고 형제들과 함께 하던 시조놀이는, 지금도
내가 누구보다 많은 시조를 읊을 수 있게 해 주셨고, 아버지는 그
속에서 기독교 신앙의 박애정신을 가르쳐 주셨습니다.

새벽별을 보고 기차역으로 내달려, 숨은 차고 기차는 떠나려는
데 숨을 헐떡이면서도, 그래도 눈물은 보이지 않으려고 애쓰며 나

는 희망을 안고 미래로 달렸습니다.

  그때마다 먼 발치에서 나를 바라보시던 인자하신 어머님의 얼굴, 나를 그렇게 자랑스럽게 생각하시는 할아버지를 생각하며 나는 새삼 내가 택한 나의 길을 달려 온 내 모습을 되돌아보게 됩니다.

  나의 갈 길 다가도록 예수 인도하시니
  내 주 안에 있는 긍휼 어찌 의심하리요
  믿음으로 사는 자는 하늘 위로 받겠네
  무슨 일을 만나든지 만사형통하리라

  문득 욕심이 나를 가로막을 때 어머니와 함께 부르던 이 찬송 구절을 되뇌이며 나의 할아버지와 아버지, 어머니와 가족들, 그 따뜻하고 그리운 기억속에서 부끄럼없이 인생길 마치려 노력하고 있습니다.

역사 창조의 힘이 되자

1판 1쇄 인쇄 | 2013년 11월 30일
1판 1쇄 발행 | 2013년 12월 14일

지은이 | 박상은
발행인 | 이용길
발행처 | 모아북스
MOABOOKS

관리 | 정윤
디자인 | 이룸

출판등록번호 | 제 10-1857호
등록일자 | 1999. 11. 15
등록된 곳 | 경기도 고양시 일산동구 호수로(백석동) 358-25 동문타워 2차 519호
대표 전화 | 0505-627-9784
팩스 | 031-902-5236
홈페이지 | http://www.moabooks.com
이메일 | moabooks@hanmail.net
ISBN | 978-89-97385-38-6   03320